1일 1독해

세상을 바꾼
인물 100

④ 경제·정치

KB213671

"하루 15분" 똑똑한 공부 습관
1일 1독해

초판 1쇄	2022년 8월 22일
펴낸곳	메가스터디(주)
펴낸이	손은진
개발 책임	조현주
개발	이정은, 원혜경, 최성아
글	주은, 서보현
그림	오승만
디자인	이정숙, 주희연, 이솔이
제작	이성재, 장병미
사진 제공	픽스타, 위키미디어, 위키백과
주소	서울시 서초구 효령로 304(서초동) 국제전자센터 24층
대표전화	1661.5431
홈페이지	http://www.megastudybooks.com
출판사 신고 번호	제 2015-000159호
출간제안/원고투고	writer@megastudy.net

일러두기
· 맞춤법과 띄어쓰기는 국립국어원에서 펴낸 《표준국어대사전》을 기준으로 삼되, 초등학교 교과서의 표기를 참고했습니다.
· 외국의 인명과 지명은 국립국어원에서 펴낸 《외래어 표기법》을 따랐습니다.

메가스터디BOOKS

'메가스터디북스'는 메가스터디㈜의 출판 전문 브랜드입니다.
유아/초등 학습서, 중고등 수능/내신 참고서는 물론, 지식, 교양, 인문 분야에서 다양한 도서를 출간하고 있습니다.

매일매일 공부 습관을 길러 주는 공부 친구

내 이름은 체키
Checky

• 나이 •
11세

• 태어난 곳 •
태양계 시간성

• 특징 •
몸집에 비해, 손과 발이 극도로 작다.
매력포인트는 왕 큰 양쪽 귀와 45도로 뻗은 진한 콧수염.

• 성격 •
허술해 보이는 외모와 다르게 치밀하고, 자신감이 넘친다.

• 지구별에 오게 된 사연 •
태양계 시간성에서 Wake-up을 담당하는 자명종으로 태어나 지구별로 오게 됐으나,
신기한 지구 생활 매력에 푹 빠져, 하루 종일 신나는 모험 중이다.

• 새로운 재능 •
'초집중 탐구력'을 발견하고 마음껏 뽐내고 있다.

• 특기 •
롤롤이 타고 탐험하기

왕크왕귀

하루 15분!

체키 전용 롤러보드
→ 롤롤이

• 꿈 •
메가스터디북스 모든 책의 주인공 되기

1일 1독해

우리 아이 10년 뒤를 바꾸는 독해력!

독해력은 모든 학습의 기초 체력입니다. 초등 시기에 제대로 읽고 이해하는 독해력을 탄탄하게 다져 놓으면, 중학생, 고등학생이 되어 아무리 어려운 지문과 문제를 접하더라도 그 내용을 잘 이해할 수 있고 차근차근 문제를 풀 수 있습니다. 독해력이 뛰어난 아이일수록 여러 교과의 내용을 쉽게 이해할 수 있고, 자신의 생각을 풍부하고 명확하게 표현할 수 있습니다.

왜? 1일 1독해일까?

〈1일 1독해〉 시리즈는 주제에 맞는 이야기가 짧은 지문으로 제시되어 부담 없이 매일 한 장씩 풀기 좋습니다. 독해는 어릴 때 습관을 잡아 주는 것이 가장 중요합니다. 메가스터디북스의 〈1일 1독해〉 시리즈로 몸의 근육을 키우듯 **아이의 학습 근육을 키워 주세요.**

1일 1독해, 100만 명이 선택한 이유가 있습니다!

1 아이가 재미있어서 스스로 보는 책

왜 아이들은 1일 1독해를 "재미있다"고 할까요?
눈높이에 맞는 흥미로운 주제의 지문들을 읽는 즐거움이 있기 때문입니다.
지문을 읽고 바로바로 문제를 풀어 확인하는 단순한 학습 패턴에서 아이는 공부의 재미를 느끼게 됩니다.

2 매일 완독하니까 성공의 경험이 쌓이는 책

하루 15분! 지문 1쪽, 문제 1쪽의 부담 없는 학습량으로 아이는 매일매일 성공적인 학습을 경험합니다.
매일 느끼는 성취감은 꾸준한 학습 습관으로 이어지고, 완독의 경험이 쌓여 아이의 공부 기초 체력이 됩니다.

3 독해 학습과 배경지식 확장이 가능한 책

한국사, 세계사, 사회 등 교과 연계 주제 지문으로 교과 학습 대비가 가능하고,
세계 명작, 고전, 인물까지 인문 교양과 관련된 폭넓은 주제의 지문으로 배경지식을 확장시킬 수 있습니다.
또한 다양한 유형의 문제로 독해력을 키우는 데 효과적입니다.

메가스터디북스 1일1독해 시리즈

〈1일 1독해〉 시리즈는 독해를 이제 막 시작하는 예비 초등을 위한 **이야기 시리즈**, 초등학교 전학년이 볼 수 있는 교과 연계 중심의 **교과학습 시리즈**, 배경지식을 확장해 주는 **인문교양 시리즈**로 구성됩니다.

예비 초등

이야기

과학 이야기 ❶~❻
세계 나라 ❶, ❷
세계 명작
마음 이야기

전 10권

호기심을 키우는 다양한 주제의 이야기로, 아이가 관심 있는 주제부터 시작하여 차근 차근 독해력을 길러 줍니다.

초등 교과학습

한국사

❶ 선사 ~ 통일 신라, 발해편
❷ 후삼국 ~ 고려 시대편
❸ 조선 시대편 (상)
❹ 조선 시대편 (하)
❺ 대한 제국 ~ 현대편

전 5권

우리 역사의 주요 사건과 인물을 시대별로 구성하여, 한국사의 흐름을 이해하고 교과 학습에 대비할 수 있습니다.

세계사

❶ 고대편
❷ 중세편
❸ 근대편 (상)
❹ 근대편 (하)
❺ 현대편

전 5권

세계사의 주요 장면들을 독해로 학습하며 우리 아이가 반드시 알아야 할 세계사 지식 을 시대별 흐름에 맞춰 익힐 수 있습니다.

초등 사회

❶~❺

전 5권

사회 문화, 지리, 전통문화, 정치, 경제 등의 사회 교과 독해를 통해 교과 학습에 대비할 수 있습니다.

초등 인문교양

세계 고전 50 | 우리 고전 50

NEW

세계 고전 50 ❶~❷
우리 고전 50
❶ 삼국유사 설화
❷ 교과서 고전문학

전 4권

초등학생이 꼭 읽어 두어야 할 세계 고전 50편과 우리 고전 50편을 하이라이트로 미 리 접하며 교양을 쌓을 수 있습니다.

세상을 바꾼 인물 100

NEW

❶ 문화·예술
❷ 과학·기술
❸ 의료·봉사
❹ 경제·정치

전 4권

교과서에 수록된 인물을 중심으로 초등학 생이 꼭 알아야 할 위대한 인물 100명의 이 야기를 통해 바른 인성을 기를 수 있습니다.

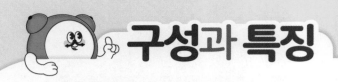

구성과 특징

지문 1쪽, 문제 1쪽으로 매일매일 독해력 강화!

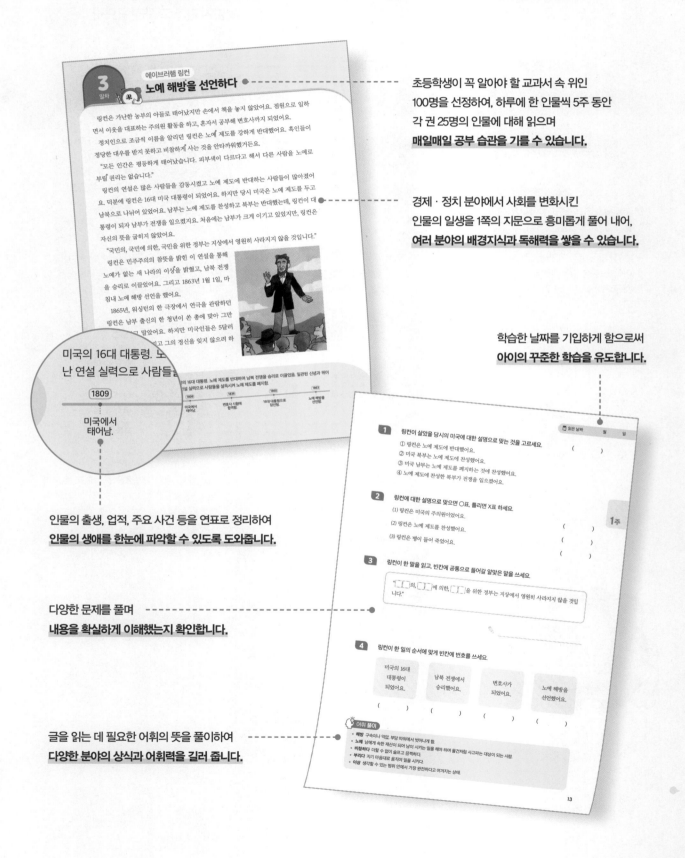

3 일차

에이브러햄 링컨

노예 해방을 선언하다

링컨은 가난한 농부의 아들로 태어났지만 손에서 책을 놓지 않았어요. 점원으로 일하면서 이웃을 대표하는 주의원 활동을 하고, 혼자서 공부해 변호사까지 되었어요.

정치인으로 조금씩 이름을 알리던 링컨은 노예 제도를 강하게 반대했어요. 흑인들이 정당한 대우를 받지 못하고 비참하게 사는 것을 안타까워했거든요.

"모든 인간은 평등하게 태어났습니다. 피부색이 다르다고 해서 다른 사람을 노예로 부릴 권리는 없습니다."

링컨의 연설은 많은 사람들을 감동시켰고 노예 제도에 반대하는 사람들이 많아졌어요. 덕분에 링컨은 16대 미국 대통령이 되었어요. 하지만 당시 미국은 노예 제도를 두고 남북으로 나뉘어 있었어요. 남부는 노예 제도를 찬성하고 북부는 반대했는데, 링컨이 대통령이 되자 남부가 전쟁을 일으켰죠. 처음에는 남부가 크게 이기고 있었지만, 링컨은 자신의 뜻을 굽히지 않았어요.

"국민의, 국민에 의한, 국민을 위한 정부는 지상에서 영원히 사라지지 않을 것입니다."

링컨은 민주주의의 참뜻을 밝힌 이 연설을 통해 노예가 없는 새 나라의 이상을 밝혔고, 남북 전쟁을 승리로 이끌었어요. 그리고 1863년 1월 1일, 마침내 노예 해방 선언을 했어요.

1865년, 워싱턴의 한 극장에서 연극을 관람하던 링컨은 남부 출신의 한 청년이 쏜 총에 맞아 그만 죽고 말았어요. 하지만 미국인들은 5달러 지폐에 그의 정신을 잊지 않으려 하

초등학생이 꼭 알아야 할 교과서 속 위인 100명을 선정하여, 하루에 한 인물씩 5주 동안 각 권 25명의 인물에 대해 읽으며 **매일매일 공부 습관을 기를 수 있습니다.**

경제·정치 분야에서 사회를 변화시킨 인물의 일생을 1쪽의 지문으로 흥미롭게 풀어 내어, **여러 분야의 배경지식과 독해력을 쌓을 수 있습니다.**

미국의 16대 대통령. 노
난 연설 실력으로 사람들

1809

미국에서 태어남.

인물의 출생, 업적, 주요 사건 등을 연표로 정리하여 **인물의 생애를 한눈에 파악할 수 있도록 도와줍니다.**

학습한 날짜를 기입하게 함으로써 **아이의 꾸준한 학습을 유도합니다.**

1 링컨이 살았을 당시의 미국에 대한 설명으로 맞는 것을 고르세요.
① 링컨은 노예 제도에 반대했어요.
② 미국 북부는 노예 제도에 찬성했어요.
③ 미국 남부는 노예 제도를 폐지하는 것에 찬성했어요.
④ 노예 제도에 찬성한 북부가 전쟁을 일으켰어요.

( )

2 링컨에 대한 설명으로 맞으면 ○표, 틀리면 X표 하세요.
(1) 링컨은 미국의 주의원이었어요. ( )
(2) 링컨은 노예 제도를 찬성했어요. ( )
(3) 링컨은 병이 들어 죽었어요. ( )

1주

3 링컨이 한 말을 읽고, 빈칸에 공통으로 들어갈 알맞은 말을 쓰세요.
"□□의, □□에 의한, □□을 위한 정부는 지상에서 영원히 사라지지 않을 것입니다."

다양한 문제를 풀며 **내용을 확실하게 이해했는지 확인합니다.**

4 링컨이 한 일의 순서에 맞게 빈칸에 번호를 쓰세요.

미국의 16대 대통령이 되었어요.	남북 전쟁에서 승리했어요.	변호사가 되었어요.	노예 해방을 선언했어요.
( )	( )	( )	( )

글을 읽는 데 필요한 어휘의 뜻을 풀이하여 **다양한 분야의 상식과 어휘력을 길러 줍니다.**

어휘 풀이
• **해방** 구속이나 억압, 부담 따위에서 벗어나게 함.
• **노예** 남에게 속한 재산이 되어 남이 시키는 일을 해야 하며 물건처럼 사고파는 대상이 되는 사람.
• **비참하다** 더할 수 없이 슬프고 끔찍하다.
• **부리다** 자기 마음대로 움직여 일을 시키다.
• **이상** 생각할 수 있는 범위 안에서 가장 완전하다고 여겨지는 상태.

13

주차별 복습 문제로 독해력 완성!

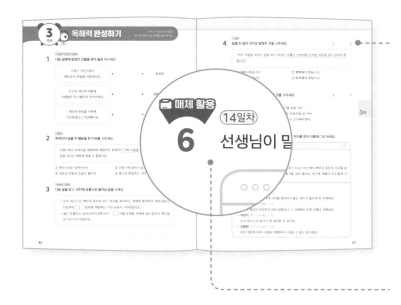

독해력 완성하기

한 주 동안 학습한 내용을 한 단계
수준 높은 문제로 복습합니다.
여러 지문의 내용을 통합한 융합 독해,
내용 추론하기, 주제 찾기, 글의 짜임 이해하기 등
다양한 유형의 문제로 독해력을 완성시킬 수 있습니다.

인터넷 게시글, 신문 기사, 선언문 등
주변에서 접하는 여러 매체 자료를
활용한 '매체 활용' 문제로
자료를 이해하고 활용하는 힘을 기를 수 있습니다.

인물 갤러리로 배경지식까지 풍성하게!

인물 갤러리 ⊕

한 주 동안 읽은 인물과 관련된 일화나
시대적 배경 등 본문에서 자세히 다루지 못한
이야기와 역사 자료를 소개하여
**인물에 대한 흥미와 이해를 높이고
배경지식을 확장합니다.**

차례

마르코 폴로

미지의 세계로 떠나다

"우린 다시 원나라에 갈 거란다. 너도 함께 가지 않을래?

마르코 폴로가 열다섯 살 무렵, 삼촌과 함께 먼 동쪽 나라로 갔던 아버지가 고향에 돌아와 물었어요. 말로만 듣던 원나라를 직접 보고 싶었던 마르코 폴로는 주저하지 않고 고개를 끄덕였어요.

마르코 폴로가 살던 베니스에서 동방의 원나라까지 가는 길은 무척 힘들었어요. 사막을 지나야 했고, 도적 떼를 만나기도 했어요. 병에 걸려 앓아눕기도 했지요. 드디어 원나라의 황제 쿠빌라이 칸을 만난 마르코 폴로는 24년간의 긴 여행을 시작했어요.

쿠빌라이 칸은 서양 사람이 동방의 원나라를 어떤 눈으로 보고 있는지 늘 궁금해 했어요. 먼 곳에서 온 마르코 폴로에게 관직까지 주면서 환영했지요. 마르코 폴로는 원나라의 크고 작은 도시를 여행하면서 중국의 풍속을 보았어요. 그리고 자신을 총애하는 쿠빌라이 칸과 자주 이야기를 나누었어요.

오랜 세월 동안 집을 떠나 있었던 마르코 폴로는 24년 만에 고향 베니스에 돌아왔어요. 마르코 폴로는 서양 사람들에게 동양의 식물과 동물, 그리고 그들이 사는 집과 먹는 음식에 대해 알려 주고 싶어서 《동방견문록》이라는 책을 썼어요.

사람들은 동양의 낯선 문물을 재미있게 묘사한 《동방견문록》을 무척 좋아했고, 동양에 호기심을 가지게 되었어요. 그리고 마르코 폴로처럼 동양에 가서 새로운 것들을 보고 싶다는 꿈을 꾸게 되었어요.

상인, 여행가

마르코 폴로
이탈리아(1254~1324년)

24년간 원나라를 비롯한 동양 여러 지역을 여행하였고, 그 경험을 바탕으로 《동방견문록》이라는 책을 펴내 유럽 사람들이 아시아에 큰 관심을 갖게 함.

1254	1271	1274	1295	1299
이탈리아에서 태어남.	아버지와 함께 원나라로 떠남.	쿠빌라이 칸을 만남.	베니스로 돌아옴.	《동방견문록》을 완성함.

1 마르코 폴로가 한 일의 순서에 맞게 번호를 쓰세요.

원나라의 황제 쿠빌라이 칸을 만났어요.	《동방견문록》 이라는 책을 썼어요.	24년 만에 고향에 돌아왔어요.	원나라 여기저기를 여행했어요.
( )	( )	( )	( )

2 글을 읽고, 빈칸에 알맞은 말을 쓰세요.

마르코 폴로는 원나라에 다녀와 《　　　　　》이라는 책을 썼어요.

3 마르코 폴로가 쓴 《동방견문록》에 담겨 있지 <u>않은</u> 내용을 고르세요.   (   )

① 동양의 식물과 동물   ② 동양인이 사는 집
③ 동양인이 먹는 음식   ④ 서양인의 취미 생활

4 《동방견문록》에 대한 설명으로 <u>틀린</u> 것을 고르세요.   (   )

① 동양의 모습을 재미있게 묘사했어요.
② 마르코 폴로가 고향에 돌아와 쓴 책이에요.
③ 재미는 있었지만 인기는 별로 많지 않았어요.
④ 책을 읽은 사람들은 동양에 호기심을 가지게 되었어요.

💡 **어휘 풀이**

- **주저하다** (어떤 일을) 실행하지 못하고 머뭇거리거나 망설이다.
- **쿠빌라이 칸** 몽골 제국의 5대 칸이자 원나라의 첫 황제.
- **관직** 관리의 지위.
- **총애** 특별한 사랑.
- **문물** 사람이 만들어 낸 모든 문화적 사물이나 사실.

영조

당파 싸움을 없애다

영조가 세자였던 시절, 신하들은 크게 두 편으로 나뉘어 있었어요. 이를 '당파'라고 불렀지요. 한쪽 편인 소론은 영조의 형이자 당시 임금인 경종 편이었고, 반대편인 노론은 세자인 영조의 편이었어요.

경종이 죽고 임금이 된 영조는 결심했어요.

'쓸데없는 당파 싸움을 막고, 백성들을 위한 진짜 정치를 해야지.'

영조는 신하를 뽑을 때 노론인지 소론인지 가리지 않고 능력과 인성만 보고 뽑았어요. 영조는 이를 '탕평책'이라 불렀어요. 그리고 백성들을 위한 중요한 정책들을 골고루 펼쳤어요. 백성들이 내야 하는 세금을 줄이고, 억울한 일이 있으면 직접 고발할 수 있게 신문고 제도도 되살렸지요. 농사일에 도움이 되는 책을 내기도 했어요.

영조는 검소한 생활에 앞장섰어요. 하다못해 밥상에 오르는 반찬의 수도 줄였지요. 또 양반들이 사치스러운 생활을 하는 것도 엄격하게 막았어요. 시간이 지나면서 당파 싸움은 줄어들었고 백성들은 영조를 믿고 따르기 시작했어요.

"내 한 몸이 잘되는 것보다 백성들을 먼저 생각해야지."

영조는 52년이라는 오랜 기간 왕위에 있으면서 탕평책으로 나라의 안정을 유지했어요. 백성의 생활을 늘 돌보며 많은 공을 쌓았지요. 때문에 영조는 조선을 발전시킨 훌륭한 왕으로 평가되고 있답니다.

정치가

영조(이금)
조선 시대(1694~1776년)

조선 21대 왕으로 조선의 왕 중 가장 오랫동안 왕위에 있었음. 탕평책을 시행하고 양반들의 사치를 막았으며 백성을 위한 여러 정책을 펼침.

1694	1724	1750	1773
숙종의 둘째로 태어남.	왕위에 오름.	균역법을 시행함.	신문고 제도를 되살림.

1 임금이 된 뒤 영조가 한 일로 맞지 <u>않는</u> 것을 고르세요.   (   )

① 당파 싸움을 막기 위해 탕평책을 실시했어요.

② 양반들의 사치스러운 생활을 막았어요.

③ 억울한 일을 직접 말할 수 있게 했어요.

④ 백성들이 내야 하는 세금을 늘렸어요.

2 글을 읽으면서 알맞은 말에 ○표 하세요.

> 영조는 (탕평책 / 신문고)(이)라는 제도를 되살려 억울한 일이 있으면 직접 고발할 수 있게 했어요.

3 탕평책에 대한 설명으로 맞는 것을 고르세요.   (   )

① 노론과 소론을 모두 다 내쫓는 것이에요.

② 당파의 수를 늘려 싸움을 줄이는 것이에요.

③ 노론을 가까이하고, 소론을 멀리하는 정책이에요.

④ 당파를 따지지 않고 능력 있는 사람을 쓰는 정책이에요.

4 영조에 대해 바르게 말한 아이를 찾아 이름에 ○표 하세요.

서윤   탕평책을 펼쳤지만 사치스러웠던 게 흠이야.

유진   자신의 편을 들어주는 노론을 좋아했어.

지훈   백성들을 위하고, 검소하게 살려고 노력했어.

어휘 풀이

- **당파** 주장이나 이해를 같이 하는 사람들이 뭉쳐 이룬 단체나 모임.
- **인성** 사람의 성품. 개인이 가지는 생각과 태도 및 행동 특성.
- **신문고** 억울한 일을 당한 백성이 임금에게 그것을 알리기 위해 치게 하던 북.
- **균역법** 백성의 세금 부담을 줄이기 위하여 만든 제도.

에이브러햄 링컨
노예 해방을 선언하다

링컨은 가난한 농부의 아들로 태어났지만 손에서 책을 놓지 않았어요. 점원으로 일하면서 이웃을 대표하는 주의원 활동을 하고, 혼자서 공부해 변호사까지 되었어요.

정치인으로 조금씩 이름을 알리던 링컨은 노예 제도를 강하게 반대했어요. 흑인들이 정당한 대우를 받지 못하고 비참하게 사는 것을 안타까워했거든요.

"모든 인간은 평등하게 태어났습니다. 피부색이 다르다고 해서 다른 사람을 노예로 부릴 권리는 없습니다."

링컨의 연설은 많은 사람들을 감동시켰고 노예 제도에 반대하는 사람들이 많아졌어요. 덕분에 링컨은 16대 미국 대통령이 되었어요. 하지만 당시 미국은 노예 제도를 두고 남북으로 나뉘어 있었어요. 남부는 노예 제도를 찬성하고 북부는 반대했는데, 링컨이 대통령이 되자 남부가 전쟁을 일으켰지요. 처음에는 남부가 크게 이기고 있었지만, 링컨은 자신의 뜻을 굽히지 않았어요.

"국민의, 국민에 의한, 국민을 위한 정부는 지상에서 영원히 사라지지 않을 것입니다."

링컨은 민주주의의 참뜻을 밝힌 이 연설을 통해 노예가 없는 새 나라의 이상을 밝혔고, 남북 전쟁을 승리로 이끌었어요. 그리고 1863년 1월 1일, 마침내 노예 해방 선언을 했어요.

1865년, 워싱턴의 한 극장에서 연극을 관람하던 링컨은 남부 출신의 한 청년이 쏜 총에 맞아 그만 숨을 거두고 말았어요. 하지만 미국인들은 5달러 지폐에 링컨을 새기고 그의 정신을 잊지 않으려 하고 있지요.

정치가	미국의 16대 대통령. 노예 제도를 반대하며 남북 전쟁을 승리로 이끌었음. 일관된 신념과 뛰어난 연설 실력으로 사람들을 설득시켜 노예 제도를 폐지함.

에이브러햄 링컨
미국(1809~1865년)

1809	1836	1860	1863
미국에서 태어남.	변호사 시험에 합격함.	16대 대통령으로 당선됨.	노예 해방을 선언함.

1 링컨이 살았을 당시의 미국에 대한 설명으로 맞는 것을 고르세요.   (   )

① 링컨은 노예 제도에 반대했어요.

② 미국 북부는 노예 제도에 찬성했어요.

③ 미국 남부는 노예 제도를 폐지하는 것에 찬성했어요.

④ 노예 제도에 찬성한 북부가 전쟁을 일으켰어요.

1주

2 링컨에 대한 설명으로 맞으면 ○표, 틀리면 X표 하세요.

(1) 링컨은 미국의 주의원이었어요.   (   )

(2) 링컨은 노예 제도를 찬성했어요.   (   )

(3) 링컨은 병이 들어 죽었어요.   (   )

3 링컨이 한 말을 읽고, 빈칸에 공통으로 들어갈 알맞은 말을 쓰세요.

> "□□의, □□에 의한, □□을 위한 정부는 지상에서 영원히 사라지지 않을 것입니다."

4 링컨이 한 일의 순서에 맞게 빈칸에 번호를 쓰세요.

미국의 16대 대통령이 되었어요.	남북 전쟁에서 승리했어요.	변호사가 되었어요.	노예 해방을 선언했어요.
( )	( )	( )	( )

어휘 풀이

- **노예** 남에게 속한 재산이 되어 남이 시키는 일을 해야 하며 물건처럼 사고파는 대상이 되는 사람.
- **해방** 구속이나 억압, 부담 따위에서 벗어나게 함.
- **비참하다** 더할 수 없이 슬프고 끔찍하다.
- **부리다** 자기 마음대로 움직여 일을 시키다.
- **이상** 생각할 수 있는 범위 안에서 가장 완전하다고 여겨지는 상태.

4일차

조셉 퓰리처

언론의 아버지로 불리다

퓰리처는 헝가리에서 미국으로 건너온 이민자였어요. 독일어를 사용했던 퓰리처는 미국에 있는 독일계 신문사에 취직하여 기자가 되었어요. 글솜씨가 좋아 쓰는 기사마다 특종을 터뜨렸고, 기자로서 승승장구했지요. 그리고 뉴욕의 작은 신문사 사장이 되었어요. 퓰리처는 두 가지 목표를 가지고 신문사를 운영했어요.

첫 번째 목표는 진실을 위해 싸우는 것이었어요. 퓰리처는 신문이 '옳은 것과 그른 것을 가르치는 도덕 선생님'이라고 생각했어요. 퓰리처는 지위가 높은 사람들이 저지르는 잘못을 절대 눈감아 주지 않고 기사로 낱낱이 밝혔어요.

"잘못을 낱낱이 밝히세요. 권력을 무서워하지 마세요."

두 번째 목표는 '재미있는' 신문을 만드는 것이었어요. 그는 이전의 신문과 다르게 만평과 사진을 화려하게 사용했고 스포츠 기사를 중요하게 다루었으며, 오락 위주의 일요일 신문도 처음 시작했어요.

"재미없는 신문은 죄악입니다!"

퓰리처의 신문은 남성들 뿐 아니라 여성들도 읽게 되었고 날개 돋친 듯이 팔렸어요. 신문에 실린 기사는 큰 영향력을 가지게 되었지요. 사람들은 기자가 사회에 꼭 필요한 일을 하는 사람이라는 것도, 신문이 중요한 대중 매체라는 것도 깨달았어요.

퓰리처가 죽은 뒤에는 그의 유언에 따라 퓰리처상이 만들어졌어요. 매년 가장 의미 있는 기사를 쓴 기자에게 주는 퓰리처상은 언론의 노벨상이라고도 한답니다.

언론인

조셉 퓰리처
미국(1847~1911년)

빠르고 정확한 뉴스를 보도하는 신문을 만든 언론인. 한때 미국 최대 발행 부수를 자랑하는 신문사를 경영하였음.

1847	1864	1878	1883	1917
헝가리에서 태어남.	미국으로 건너감.	첫 신문사를 세움.	뉴욕 월드지를 인계함.	유언으로 퓰리처상이 만들어짐.

1 퓰리처에 대한 설명으로 틀린 것을 고르세요.   (   )

① 독일에서 온 이민자예요.

② 특종 기사를 많이 썼어요.

③ 만평과 사진을 신문에 실었어요.

④ 스포츠 기사를 중요하게 다루었어요.

2 퓰리처가 신문사를 운영할 때 지켰던 두 가지 목표를 읽고, 알맞은 말에 ○표 하세요.

첫째	(진실 / 이익)을 위해 싸우자.
둘째	(재미있는 / 두꺼운) 신문을 만들자.

3 퓰리처가 한 일이 아닌 것을 고르세요.   (   )

① 일요일 신문을 처음 만들었어요.

② 뉴욕에서 작은 신문사를 운영했어요.

③ 지위가 높은 사람들의 잘못을 낱낱이 밝혔어요.

④ TV 방송국을 만들어 사람들에게 큰 영향을 끼쳤어요.

4 글을 읽고, 빈칸에 공통으로 들어갈 알맞은 말을 쓰세요.

> 퓰리처가 죽은 뒤에는 그의 유언에 따라 □□□□이 만들어졌어요. 매년 가장 의미 있는 기사를 쓴 기자에게 주는 □□□□은 언론의 노벨상이라고도 한답니다.

_____

🧠 어휘 풀이

- **이민자** 자기 나라를 떠나 다른 나라로 이주하여 사는 사람.
- **특종** 특정한 신문사, 잡지사에서만 얻은 중요한 기사.
- **승승장구** 여러 싸움에서 계속하여 이기는 것.
- **낱낱이** 하나하나 모두 다.
- **만평** 만화를 그려서 인물이나 사회를 풍자적으로 비평함.

이태영

여성의 권리를 위해 싸우다

이태영은 우리나라 최초의 여성 변호사예요. 서울대 법학과에 입학한 최초의 여성이자 사법 시험에 합격한 최초의 여성이었지요. 이태영은 원래 판사가 되려고 했어요. 하지만 당시 이승만 대통령이 여성 판사를 인정하지 않아 어쩔 수 없이 변호사가 되었어요. 그때 이태영은 결심했어요.

'왜 남성은 되고 여성은 안 되는 걸까? 여성의 권리 회복을 위해 싸워야겠다.'

이태영은 여성 법률 상담소를 세우고 여성들 변호에 앞장섰어요. 당시의 가족법은 남성에게 일방적으로 유리하게 되어 있었어요. 헌법에는 남녀가 평등하다고 되어 있었지만 실제로 집행되는 법은 그렇지 않았어요. 이태영은 가족법 개정과 무조건 아버지의 성을 따르고 남성 중심으로 가족이 구성되는 호주제 폐지 운동에 나섰어요. 갓과 도포를 쓴 노인들이 통곡하며 호주제 폐지에 반대했지만 이태영은 물러서지 않았어요.

1989년 마침내 호주의 권리와 의무가 축소되고, 이혼 여성도 재산을 나눠 가질 수 있는 권리 등이 포함된 가족법이 개정되었어요. 이태영은 여기에 만족하지 않고 여성의 권리를 위해 발로 뛰었어요.

"가족법이 개정되었습니다. 하지만 새 권리를 얻었다고 생각해서는 안 됩니다. 다만 제자리를 찾았을 뿐입니다."

2005년 드디어 호주제가 완전 폐지되었어요. 본인이 원하면 아버지 성 대신 어머니 성을 따를 수 있게 되었어요. 선구자 이태영이 있었기에 가능했던 일이었지요.

변호사, 여성 운동가

이태영
대한민국(1914~1998년)

대한민국 최초의 여성 변호사. 여성 법률 상담소를 세우고 여성에 대한 불평등에 맞서 싸운 여성 운동가이기도 함.

1914	1949	1952	1956	1989
평안도에서 태어남.	서울대학교 법학과를 졸업함.	고등고시 사법과에 합격함.	여성 법률 상담소를 운영함.	브레넌 인권상을 수상함.

1 이태영에 대한 설명으로 <u>틀린</u> 것을 고르세요.   (   )

① 우리나라 최초의 여성 변호사예요.

② 판사가 되고 싶었지만 될 수 없었어요.

③ 1989년 가족법 개정에 매우 만족했어요.

④ 여성 법률 상담소를 열고 여성들을 변호했어요.

2 글을 읽고, 빈칸에 알맞은 말을 쓰세요.

> 헌법에는 남녀가 평등하다고 되어 있었지만 실제로 집행되는 법은 그렇지 않았어
>
> 요. 이태영은 가족법 개정과 무조건 아버지의 성을 따르고 남성 중심으로 가족이 구성
>
> 되는 ☐☐☐ 폐지 운동에 나섰어요.

3 이태영이 호주제 폐지를 주장한 이유로 <u>틀린</u> 것을 고르세요.   (   )

① 남성에게 일방적으로 유리했기 때문에

② 무조건 아버지의 성을 따르게 했기 때문에

③ 헌법에 남녀가 평등하다고 되어 있지 않았기 때문에

④ 실제로 집행되는 법은 남녀가 평등하지 않았기 때문에

4 이태영과 관련 있는 말에 색칠하세요.

사법 시험 여성 최초 합격	여성 법률 상담소	최초의 여성 판사	호주제 폐지 운동

💡 **어휘 풀이**

• **사법 시험** 판사, 검사, 변호사, 군 법무관이 되려는 사람을 뽑는 국가 시험.

• **변호** 법정에서 피고인의 이익을 위하여 감싸서 도와주는 일.

• **개정** 지금 있는 법이나 제도를 바꾸어 다시 정하는 것.

• **호주제** 호주(과거에는 남자였음.)를 중심으로 가족 구성원의 출생, 혼인, 사망 등을 기록하는 제도.

• **선구자** 사회적으로 중요한 어떤 일이나 사상에 있어 남보다 앞서 나가는 사람.

1일차 3일차 4일차

1 다음 인물과 관련 있는 것을 **보기** 에서 모두 찾아 기호를 쓰세요.

> **보기**
>
> ㉠ 미국 이민 ㉡ 노예 제도 ㉢ 신문 발행
>
> ㉣ 남북 전쟁 ㉤《동방견문록》 ㉥ 원나라

(1) 마르코 폴로 ( )

(2) 퓰리처 ( )

(3) 링컨 ( )

2일차

2 다음 글을 읽고, 빈칸에 알맞은 말을 써넣어 중심 내용을 완성하세요.

> 영조는 백성들을 위한 중요한 정책들을 골고루 펼쳤어요. 백성들이 내야 하는 세금을 줄이고, 억울한 일이 있으면 직접 고발할 수 있게 신문고 제도도 되살렸지요.

☐☐ 을 위한 ☐☐ 의 정책

1일차

3 다음 글에서 알 수 있는 마르코 폴로의 성격으로 맞는 것을 고르세요. ( )

> • 말로만 듣던 원나라를 직접 보고 싶었던 마르코 폴로는 주저하지 않고 고개를 끄덕였어요.
> • 서양 사람들에게 동양의 식물과 동물, 그들이 사는 집과 먹는 음식에 대해 알려 주고 싶어서 책을 썼어요.

① 변화를 싫어하는 성격이에요.

② 말과 행동이 다른 성격이에요.

③ 세상에 대해 호기심이 많은 성격이에요.

④ 한곳에 오래 머무르길 싫어하는 성격이에요.

2일차 4일차 5일차

4 다음 설명에 알맞은 인물을 찾아 줄로 이으세요.

| 당파를 가리지 않고 능력과 인성만 보고 인재를 뽑았어요. | • | • | 퓰리처 |

| 여성의 권리를 실현하기 위해 호주제 폐지 운동을 했어요. | • | • | 영조 |

| 기자들에게 주는 상을 만들자는 유언을 남겼어요. | • | • | 이태영 |

1주

4일차

5 다음 중 밑줄 친 말의 쓰임이 자연스럽지 <u>않은</u> 것을 고르세요. (   )

> 퓰리처의 신문은 <u>날개 돋친 듯이</u> 팔렸어요.

① 빵을 굽자마자 <u>날개 돋친 듯이</u> 팔렸어요.
② 나쁜 소문일수록 <u>날개 돋친 듯이</u> 퍼져요.
③ 아기 독수리는 <u>날개 돋친 듯이</u> 힘껏 날아갔어요.
④ 책이 출간되자마자 <u>날개 돋친 듯이</u> 잘 나갔어요.

매체 활용
3일차

6 다음은 링컨의 노예 해방 선언문이에요. 빈칸에 알맞은 말을 써넣어 중심 내용을 완성하세요.

> 1863년 1월 1일 이후부터 노예들은 영원히 자유의 몸이 될 것이다. 미국 정부는 그들의 자유를 인정하고 지켜 줄 것이며, 그들이 진정한 자유를 얻고자 노력하는 데에 어떤 제약도 가하지 않을 것이다.

미국 정부는 노예의 [ ][ ]를 인정한다.

영조와 정조의 아픔, 사도세자

할아버지인 영조의 뒤를 이어 왕이 된 정조는 조선의 전성기를 이끌었어. 그런데 왜 영조는 아들이 아니라 손자에게 왕위를 물려주었을까?

영조의 아들이자 정조의 아버지는 사도세자야. 사도세자는 영조가 마흔이 넘어서 얻은 귀한 아들이 었지. 영조는 너무 기쁜 나머지 아들을 얻자마자 왕세자로 정했어. 하지만 영특했던 사도세자는 자라면서 아버지의 지나친 기대를 이겨 내지 못했어. 영

▲ 융릉, 사도세자의 능

조는 글 읽기보다는 무예를 즐기는 사도세자를 꾸중했고, 노론과 소론은 부자의 갈등을 더 부추겼어. 결국 영조는 사도세자를 뒤주에 가두었고, 사도세자는 그 안에서 굶어 죽고 말았지.

세계사에 남을 링컨의 게티즈버그 연설

▲ 링컨 동상

세상에는 시간이 지나도 기억에 남는 훌륭한 연설들이 많아. 링컨의 게티즈버그 연설도 그중에 하나란다. 이 연설은 미국의 남북 전쟁이 막바지에 이른 1863년, 펜실베이니아의 게티즈버그에서 열린 죽은 장병들을 위한 추도식에 참석한 링컨이 한 연설이야. 2분 남짓한 짧은 연설이지만, 미국의 건국 정신을 지키기 위해 목숨을 바친 장병들의 뜻을 이어받아 민주주의를 지켜 나가자는 내용을 담고 있지.

특히 연설의 마지막 부분인 '국민의, 국민에 의한, 국민을 위한 정부는 결코 무너지지 않을 것입니다.'라는 구절은 민주주의 정신을 가장 잘 나타낸 말로 전해져 온단다.

제2의 마르코 폴로, 정화

▲ 정화 기념비

유럽인들보다 먼저 먼 항해에 나섰던 동양 사람이 있어. 바로 중국 명나라 사람 정화야. 정화는 황실에서 여러 일을 하던 지위 높은 명나라의 환관이었어. 황제의 명으로 1407년부터 1433년까지 7번이나 대항해에 나섰으며, 일곱 번째 항해를 마치고 돌아오던 중 배에서 죽었다고 전해지고 있지. 대부분의 학자들은 명나라의 위세를 떨치고, 세계의 중심이 중국임을 널리 알리기 위해 정화를 보냈다고 짐작해.

정화는 동남아시아와 인도, 중동, 아프리카까지 둘러보았으며, 어떤 사람은 아메리카 대륙도 콜럼버스 전에 정화가 먼저 발견했을 거라고 주장하기도 하지.

세상을 울리는 퓰리처상

▲ 퓰리처상 메달의 앞과 뒤

퓰리처상은 조셉 퓰리처가 남긴 유언에 따라 1917년 만들어졌어. 언론과 예술(문학, 음악)의 7개 부문의 수상자가 결정되는데, 권위와 신뢰도가 높아 기자들의 노벨상이라 불리지.

우리가 잘 아는 부문은 사진이야. 한 장의 사진은 사람들을 감동시켜 전쟁을 멈추게도 하고, 나라를 잃은 난민을 보호하기도 하지. 2021년에는 화재 현장에서 아이를 구하는 소방관의 모습이 찍힌 사진이 많은 사람들에게 감동을 주었어. 퓰리처상을 수상한 사진은 전 세계에서 매년 전시회가 열리는데, 우리나라에서도 매년 각 도시에서 열리니까 꼭 한번 가 보면 좋을 거야.

전봉준

백성의 힘을 보여 주다

　조선 말기, 지주들의 횡포로 많은 백성들이 살기 어려워졌어요. 이 시기에 '사람은 누구나 하늘같이 귀하고 평등하다'고 주장하는 동학을 믿는 사람이 늘어났지요. 전봉준 역시 세상이 바뀌어야 한다고 생각하는 동학 교도였어요.

　이 무렵 고부의 군수는 조병갑이었어요. 돈을 주고 벼슬을 샀던 조병갑은 백성들에게 무자비하게 세금을 거두기 시작했어요. 견디다 못해 전봉준을 비롯한 고부 사람들이 모여 관아를 습격했지요. 전봉준은 구름처럼 모인 사람들 앞에서 크게 외쳤어요.

　"부패한 관리들에게 우리의 힘을 보여 줍시다!"

　조병갑은 겁에 질려 달아났어요. 전봉준은 창고의 곡식을 사람들에게 고루 나눠 주고, 억울하게 감옥에 갇힌 이들을 풀어 주었어요. 조정에서 관리가 내려와 백성들의 어려움을 해결해 주겠다고 약속했지만, 약속과 반대로 민란에 가담했던 사람들을 감옥에 가두어 버렸어요.

　전봉준은 다시 1만 명이 넘는 백성들을 이끌고 전주성을 점령했어요. 다급해진 조정에서는 청나라와 일본에 도움을 청했어요. 전봉준은 다른 나라가 우리나라의 일에 끼어드는 것을 원하지 않았어요. 딱 한 가지 조건을 들어주면 전주성에서 물러나겠다고 했지요.

　"관리와 백성이 함께 고을을 다스릴 수 있게 만들어 주십시오."

　하지만 전봉준의 바람은 이루어지지 않았고, 얼마 후 일본군에게 잡혀 사형을 당하고 말았어요. 전봉준의 정신은 의병 운동과 항일 투쟁으로 이어져, 지금까지 전해지고 있답니다.

농민 운동 지도자

전봉준
조선 시대(1855~1895년)

조선 말기 동학 농민 운동 지도자. 세상을 바꾸겠다는 생각으로 농민들을 이끌고 동학 농민 운동을 일으켰으나, 일본군에게 체포되어 사형당함.

1855	1894년 1월	1894년 4월	1894년 11월
전라도에서 태어남.	고부 민란을 일으킴.	전주성을 점령함.	동학 농민군이 뿔뿔이 흩어짐.

1 조선 말기의 상황으로 <u>틀린</u> 것을 고르세요.   (   )

① 부패한 관리가 많았어요.

② 지주들의 횡포가 심했어요.

③ 동학을 믿는 사람들이 생겼어요.

④ 조정에서 백성의 빚을 없애 주었어요.

2 전봉준이 중요하게 생각했던 것을 모두 찾아 ○표 하세요.

| 세금 | 동학 | 백성 | 전주성 | 벼슬 |

2주

3 글을 읽고, 빈 곳에 알맞은 말을 쓰세요.

> 전봉준은 인간은 누구나 _____ 하다고 주장하는 _____ 을 믿었어요.

4 전봉준이 한 일의 순서에 맞게 빈칸에 번호를 쓰세요.

| 동학 교도가 되었어요. | 일본군에게 잡혀 사형을 당했어요. | 조병갑이라는 군수를 몰아냈어요. | 백성들을 이끌고 전주성을 점령했어요. |

(   )   (   )   (   )   (   )

💡 **어휘 풀이**

- **지주** 토지의 소유자.
- **횡포** 제멋대로 굴며 몹시 난폭함.
- **관아** (옛날에) 관리들이 사무를 보던 관청.
- **부패하다** 정치나 사상, 생각이 올바른 길에서 벗어나 잘못된 길로 빠지다.
- **조정** 임금이 나라의 정치를 신하들과 의논하거나 집행하는 곳. 또는 그런 기구.
- **민란** 포악한 정치에 반대하여 백성들이 일으킨 폭동.

새로운 중국을 세우다

지금의 중국인 청나라는 한때 세계에서도 손꼽히는 강한 나라였지만 19세기가 되자 조금씩 무너졌어요. 여러 나라의 공격을 받았고, 심지어는 일본과의 전쟁에서도 패했어요. 나라가 흔들리자, 힘없는 백성들이 고통받기 시작했어요.

평범한 농부의 아들이었던 쑨원은 당시 포르투갈이 다스리던 마카오와 멀지 않은 곳에서 자랐어요. 그래서 서양의 문물을 일찍부터 접할 수 있었지요. 쑨원은 하와이의 대학에서 사람을 소중하게 여기는 기독교 교리를 만나게 되었어요. 또 민주주의를 이념으로 삼은 여러 나라가 이룬 발전을 두 눈으로 똑똑히 보았지요.

"황제 혼자 다스리는 시대는 끝났어. 백성들을 잘 살게 할 수 있는 새로운 정치가 필요해."

쑨원은 마음속에 '민족, 민권, 민생', 이 세 단어를 새겼어요. 민족주의는 주권을 가진 나라임을, 민권주의는 모든 권력은 인민에게 있음을, 민생주의는 인민의 생활을 보호해야 함을 중요하게 생각하는 사상이에요. 쑨원은 이 '삼민주의'를 이루기 위해 뜻을 같이하는 동지들을 모아 중국, 일본, 미국을 돌아다니며 자신의 뜻을 널리 알렸어요.

1912년, 드디어 청나라가 무너지고 선거를 통해 새 총통을 뽑았어요. 쑨원이 바라는 대로 중국에도 인민이 주인인 중화민국이 탄생한 것이죠. 새로운 중국을 만든 쑨원을 사람들은 '나라의 아버지, 국부'라고 기억하고 있어요.

정치가

쑨원
중국(1866~1925년)

중국 혁명을 이끈 정치가로, 당시 황제가 다스리던 청나라를 공화국으로 바꾸고, 중화민국의 첫 번째 임시 대총통을 지냄. 이후 혼란스러운 상황에서도 중국 통일에 힘씀.

1866	1882	1892	1912
중국에서 태어남.	하와이 대학교를 졸업함.	홍콩 의학교를 졸업함.	중화민국 임시 대총통이 됨.

1 19세기 청나라에 대한 설명으로 **틀린** 것을 고르세요.   (   )

① 서양의 문물을 일찍부터 받아들였어요.

② 강한 나라였지만 조금씩 무너졌어요.

③ 여러 나라의 공격을 받았어요.

④ 일본과의 전쟁에서 패했어요.

2 쑨원에 대한 설명으로 **틀린** 것을 고르세요.   (   )

① 평범한 농부의 아들로 태어났어요.

② 하와이의 대학에서 기독교를 접했어요.

③ 인민이 주인인 중화민국을 탄생시켰어요.

④ 황제만 바뀌면 백성들이 잘 살 수 있다고 주장했어요.

2주

3 삼민주의의 '삼민'이 뜻하는 것 세 가지를 모두 골라 〇표 하세요.

| 민족 | 민권 | 민주 | 민생 |

4 글을 읽고, 빈칸에 알맞은 말을 쓰세요.

> 쑨원은 죽는 날까지 새로운 중국을 만들기 위해 노력했어요. 그래서 지금도 중국 사람
> 들은 쑨원을 '나라의 아버지, ☐☐'라고 기억하고 있어요.

💡 **어휘 풀이**

- **교리** 종교적인 원리나 이치.
- **민권** 국민이 정치에 참여하는 권리.
- **민생** 일반 국민의 생활.
- **삼민주의** 민족주의, 민권주의, 민생주의의 3원칙. 중국 근대 혁명의 기본 이념.
- **총통** 일부 국가에서 정치와 관련된 일을 하는 최고 지위. 또는 그 지위에 있는 사람.

영국에서 법을 공부한 간디가 변호사가 되어 남아프리카공화국에서 인종 차별 반대 운동을 하던 때였어요. 어느 날 푯값을 지불하고 기차의 일등석 자리에 앉았는데, 승무원이 가까이 오더니 무례한 태도로 말했어요.

"인도인은 일등석에 앉을 수 없소. 썩 나가시오!"

그제서야 간디는 깨달았어요.

'저들의 눈에 나는 그저 나라가 없는 인도인일 뿐이로구나.'

당시 인도는 영국의 지배를 받고 있었어요. 간디는 인도로 돌아가 인도의 독립을 위해 '불복종 운동'을 시작했어요. 영국인을 위해 일하지도 말고, 영국 학교에 다니지도 말고, 영국 물건을 쓰지도 말자고 주장했지요. 영국이 소금에까지 세금을 물리자, 사람들과 바닷가로 가서 손수 소금을 구해 먹기도 했어요.

간디는 '비폭력'으로 독립을 이루어야 한다고 주장했어요. 그래서 영국인들이 감옥에 넣어도 순순히 끌려갔어요. 대신 감옥 안에서 단식을 하며 강하게 저항했어요. 영국은 어쩔 수 없이 간디를 석방했어요. 간디가 감옥에서 죽으면 인도인들이 가만히 있지 않을 테니까요.

1946년 마침내 인도는 독립을 했어요. 하지만 안타깝게도 두 종교로 나뉘어진 분할 독립이었어요. 끝까지 조국의 통일을 바란 간디는 이에 반대하는 한 청년에 의해 죽고 말았어요. 하지만 간디는 인도인들의 마음에 '위대한 영혼, 마하트마 간디'로 살아 있어요.

인도 민족 운동 지도자

마하트마 간디
인도(1869~1948년)

인도 건국의 아버지라고 불리는 민족 운동의 지도자. 인종 차별에 저항하고 제1차 세계 대전 이후 영국에 대해 비폭력, 불복종 운동을 주도했음.

1869	1891	1919	1930	1948
인도에서 태어남.	변호사가 됨.	영국에 불복종 운동을 벌임.	영국 소금세에 맞서 행진함.	힌두교 신자에게 암살당함.

1 영국의 식민지 시절 인도에 대한 설명으로 **틀린** 것을 모두 고르세요.   (,   )

① 인도인은 학교에 다닐 수 없었어요.

② 인도인은 일등석에 앉을 수 없었어요.

③ 인도인은 영국인에게 차별을 당했어요.

④ 영국은 인도를 독립시키려고 노력했어요.

2 간디의 불복종 운동에 대한 설명으로 맞으면 ○표, 틀리면 X표 하세요.

(1) 인도 학교에 다니지 말자는 운동이에요.   (   )

(2) 영국인을 위해 일하지 말자는 운동이에요.   (   )

(3) 질 좋은 영국 물건을 마음껏 쓰자는 운동이에요.   (   )

2주

3 간디가 한 일이 **아닌** 것을 고르세요.   (   )

① 인종 차별 반대 운동을 했어요.

② 감옥 안에서 단식으로 저항했어요.

③ 영국이 체포할 때 강하게 저항했어요.

④ 사람들과 손수 소금을 구해 먹었어요.

4 간디에 대해 바르게 말한 아이를 찾아 이름에 ○표 하세요.

민정 ▷ 인도의 분할 독립을 바랐어.

지훈 ▷ 인도인들이 존경하는 '위대한 영혼'이야.

서휘 ▷ 영국인들을 누구보다 사랑하던 지도자였어.

💡 **어휘 풀이**

• **무례하다** 태도나 말에 예의가 없다.

• **손수** (남의 손을 빌리지 않고) 직접 자기 손으로.

• **단식** 일정 기간 동안 의식적으로 음식을 먹지 아니함.

• **석방하다** 법에 의하여 구속했던 사람을 풀어 자유롭게 하다.

• **분할** 무엇을 둘 또는 그 이상으로 나누는 것.

윈스턴 처칠

위대한 연설로 승리를 이끌다

　영국의 귀족 집안 출신인 처칠은 사관 학교에 입학하였지만 종군 기자로 활동하며 능력을 발휘했어요. 기자로 활동하고 책도 쓰면서 사람들의 관심을 끌었지요. 그러던 중 1899년 남아프리카 보어 전쟁에서 포로로 잡혔다가 탈출하면서 전쟁 영웅이 되었어요.

　이후 처칠은 하원 의원에 당선되면서 정치가의 길로 들어섰어요. 특히 사람들을 설득하고 토론하는 일은 누구보다 훌륭했어요. 1940년 5월, 처칠은 영국의 총리가 되었어요. 당시는 제2차 세계 대전이 한창으로 독일이 영국을 침략하기 직전이었고, 많은 영국인들이 두려움에 떨고 있었어요. 이때 처칠은 의회에서 연설했어요. 늘 그렇듯 자신감 넘치는 말투로 영국인들을 격려했지요.

　"내가 바칠 것은 피와 땀 그리고 눈물뿐입니다. 하지만 나는 확신합니다. 우리는 결코 실패하지 않을 것입니다. 나는 모든 이에게 도움을 호소해야겠습니다. 자! 단결된 힘으로 우리 함께 전진합시다!'"

　처칠은 바람 앞의 등불 같았던 영국을 끝까지 잘 지켜 냈어요. 영국인들은 위기 상황에서 누구보다 처칠을 믿고 따랐지요. 처칠은 전쟁에 참여하기를 주저했던 미국을 설득했고, 미국과 함께 마침내 승리를 거두었어요.

　전쟁이 끝나고 정치에서 은퇴한 처칠은 여러 에세이를 신문에 발표하기도 했고, 소설, 전기, 회고록, 역사서 등 수많은 책을 집필하기도 했어요. 그리고 1953년 《제2차 세계 대전》으로 노벨 문학상까지 수상했어요. 다재다능했던 처칠은 지금도 전 세계 사람들의 존경을 받고 있어요.

정치가

윈스턴 처칠
영국(1874~1965년)

영국의 정치가. 1900년 하원 의원으로 당선된 후 여러 가지 나라 일을 맡아 함. 제2차 세계 대전 당시 영국 총리로 취임하여 영국인들을 이끌고 전쟁에서 승리함.

1874	1900	1940	1953
영국에서 태어남.	하원 의원으로 당선됨.	영국 총리에 취임함.	《제2차 세계 대전》으로 노벨 문학상을 수상함.

1 제2차 세계 대전 당시의 상황으로 <u>틀린</u> 것을 고르세요.   (   )

① 제2차 세계 대전 중 처칠은 영국의 총리가 되었어요.

② 제2차 세계 대전 당시 처칠은 미국을 설득하지 못했어요.

③ 제2차 세계 대전 중 영국인들은 처칠의 연설로 힘을 냈어요.

④ 제2차 세계 대전 당시 독일은 영국을 침략하려고 했어요.

2 처칠에 대한 설명으로 맞으면 ○표, 틀리면 X표 하세요.

(1) 노벨 평화상을 받았어요.   (   )

(2) 토론하고 설득하는 일을 잘했어요.   (   )

(3) 처칠은 종군 기자로 활동했어요.   (   )

2주

3 처칠의 연설을 읽고, 빈 곳에 알맞은 말을 쓰세요.

> "내가 바칠 것은 _____ 와 _____ 그리고 _____ 뿐입니다."

4 밑줄 친 부분의 뜻으로 알맞은 것을 고르세요.   (   )

> 처칠은 <u>바람 앞의 등불</u> 같았던 영국을 끝까지 잘 지켜 냈어요.

① 매우 위험한 상황

② 미래가 밝은 상황

③ 무척 즐거운 상황

④ 매섭게 추운 상황

어휘 풀이

- **사관 학교** 한 국가의 군대의 장교를 교육하는 대학 과정의 학교.
- **종군 기자** 군대를 따라 전쟁터에 나가 전투 상황을 보도하는 기자.
- **하원 의원** (미국 등 국가의) 상원 의원과 함께 국회를 구성하는 의원.
- **설득하다** 상대편이 이쪽 편의 이야기를 따르도록 여러 가지로 깨우쳐 말하다.
- **다재다능하다** 여러 방면에 걸쳐 재주나 능력이 많다.

안창호
조직을 통해 독립을 꾀하다

'묻노니 여러분이시여, 오늘 대한에 주인 되는 이가 얼마나 됩니까?'

안창호가 동아일보에 쓴 글이에요. 우리나라가 독립하기 위해서는 스스로를 대한의 주인으로 여기는 사람들이 많아야 한다고 생각한 안창호는 세 가지 방법을 생각했어요.

첫 번째 방법은 여러 사람의 힘을 모을 수 있는 조직을 만드는 것이라고 생각했어요. 그래서 평양에서는 독립 협회 평양 지부를, 미국으로 유학 가서는 한인 친목회를 만들었어요. 항일 단체인 신민회도 만들었고, 온 힘을 다해 임시 정부도 도왔어요.

두 번째 방법은 젊은이들을 교육시키는 일이라고 생각했어요.

"젊고 능력 있는 지도자를 길러야 우리나라가 잘될 수 있어."

안창호는 초등 과정의 점진학교와 중등 과정의 대성학교를 만들었어요. 청년 학우회를 조직해 열정 있고 똑똑한 젊은 지도자를 많이 길러 냈어요. 지금도 있는 흥사단 역시 1913년에 안창호가 만든 청소년 수련 단체이지요.

마지막 방법은 사람들을 깨우쳐 주는 '신문'을 만드는 것이었어요. 안창호는 대한 매일 신보를 만들어 사람들이 올바른 소식을 접할 수 있게 했지요.

1932년 안창호는 윤봉길 의사의 의거를 도운 혐의로 일본에 체포되었다가 우리나라의 독립을 보지 못하고 1938년 눈을 감았어요. 하지만 안창호가 남긴 많은 조직과 학교, 그리고 신문은 우리나라의 독립을 이끌었고 여전히 우리가 나라의 주인이 되는 데 도움을 주고 있어요.

독립운동가	호는 도산. 자주 독립을 위해 여러 조직에 몸담았으며, 많은 언론 기관과 교육 기관을 만드는 데 한평생을 바쳤음. 국민 전체가 깨우쳐야 나라가 발전할 수 있다고 믿었음.

안창호
대한민국(1878~1938년)

1878	1897	1907	1913
평안도에서 태어남.	독립 협회에 가입함.	신민회를 조직함.	미국에서 흥사단을 만듦.

1 글을 읽고, 빈 곳에 알맞은 말을 쓰세요.

> 안창호는 우리나라가 독립하기 위해서는 스스로를 대한의 _____으로 여기는 사람들이 많아야 한다고 생각했어요.

2 안창호에 대한 설명으로 맞는 것을 모두 고르세요.   (,   )

① 훌륭한 지도자만 있으면 독립을 할 수 있다고 여겼어요.
② 사람들에게 올바른 소식을 전하는 게 중요하다고 생각했어요.
③ 여러 사람의 힘을 모을 수 있는 조직이 필요하다고 생각했어요.
④ 젊은이들보다는 지혜로운 노인들이 힘을 합하는 게 중요하다고 여겼어요.

2주

3 안창호가 만든 단체의 이름과 그 목적을 찾아 줄로 이으세요.

신민회   홍사단   한인 친목회   점진학교

여러 사람의 힘을 모을
조직 만들기

젊고 능력 있는
지도자 기르기

4 안창호가 한 일이 <u>아닌</u> 것을 고르세요.   (   )

① 미국에서 한인 친목회를 만들었어요.
② 일본에게 윤봉길 의사를 고발했어요.
③ 신민회와 흥사단을 만들었어요.
④ 임시 정부를 도왔어요.

💡 **어휘 풀이**

- **조직** 어떤 목표를 이루기 위해 여럿이 모여 하나의 단체를 이루는 것.
- **지부** 본부의 관할 아래 일정한 지역에 설치하여 그 지역의 사무를 보는 곳.
- **흥사단** 1913년 안창호가 미국 샌프란시스코에 세운 독립 운동 단체.
- **수련** 인격, 기술, 학문 따위를 닦아서 단련함.
- **의거** 정의를 위하여 개인이나 집단이 의로운 일을 도모함.

6일차 7일차 10일차

1 다음 인물과 관련 있는 것을 보기 에서 모두 찾아 기호를 쓰세요.

보기

⊙ 독립운동	ⓒ 흥사단	ⓒ 의병 운동
ⓔ 민생주의	ⓜ 나라의 아버지	ⓑ 동학

(1) 전봉준 ( )

(2) 쑨원 ( )

(3) 안창호 ( )

9일차

2 다음 글에서 설명하는 인물은 누구인지 고르세요. ( )

- 사관 학교를 나와 종군 기자로 활동하였어요.
- 하원 의원을 거쳐 영국의 총리가 되어 제2차 세계 대전을 승리로 이끌었어요.

① 쑨원 ② 간디

③ 윈스턴 처칠 ④ 에이브러햄 링컨

7일차

3 다음 글을 읽고, 빈칸에 알맞은 말을 쓰세요.

쑨원은 마음속에 ' ⬚⬚ , ⬚⬚ , ⬚⬚ ', 이 세 단어를 새겼어요.

민족주의는 주권을 가진 나라임을, 민권주의는 모든 권력은 인민에게 있음을, 민

생주의는 인민의 생활을 보호해야 함을 중요하게 생각하는 사상이에요. 쑨원은

' ⬚⬚⬚⬚ '를 이루기 위해 뜻을 같이하는 동지들을 모았어요.

4 (8일차) 밑줄 친 '손수'와 바꾸어 쓸 수 있는 말을 고르세요. ( )

> 영국이 소금에까지 세금을 물리자, 사람들과 바닷가로 가서 <u>손수</u> 소금을 구해 먹기도 했어요.

① 손으로   ② 변함없이

③ 직접   ④ 마음대로

5 (6일차) 다음 글을 읽고, 전봉준이 한 말에 담긴 의미로 알맞은 것을 고르세요. ( )

> 돈을 주고 벼슬을 샀던 조병갑은 백성들에게 무자비하게 세금을 거두기 시작했어요. 견디다 못해 전봉준을 비롯한 고부 사람들이 모여 관아를 습격했지요. 전봉준은 구름처럼 모인 사람들 앞에서 크게 외쳤어요.
> "부패한 관리들에게 우리의 힘을 보여 줍시다!"

① 사람들을 격려하려는 의미   ② 사람들을 설득하려는 의미

③ 사람들을 위로하려는 의미   ④ 사람들을 비난하려는 의미

 매체 활용

6 (10일차) 다음 신문 기사를 읽고, 알 수 있는 내용이 <u>아닌</u> 것을 고르세요. ( )

> **○○신문**   ○○○○년 ○○월 ○○일
>
>   흥사단은 '제1회 도산 국제 에세이 공모전'을 연다. 도산 안창호는 민족을 위해 독립운동에 평생을 바친 위대한 인물로, 이번 공모전은 안창호의 애국심을 기리는 의미에서 열린다. 참여는 대학생, 대학원생, 일반인 누구나 가능하다. 원고는 한글 또는 영문으로 작성하여 9월 30일까지 이메일로 보내면 된다.

① 제1회 도산 국제 에세이 공모전에 대한 내용이다.

② 공모전 참여는 대학생, 대학원생, 일반인 누구나 가능하다.

③ 원고는 한글, 혹은 영문으로 작성해서 우편으로 보내면 된다.

④ 공모전은 안창호의 애국심을 기리는 의미에서 열린다.

녹두 장군 전봉준

전봉준의 별명은 녹두야. 녹두는 다른 곡식 알갱이에 비해 유난히 작은데, 전봉준은 키가 작고 몸도 작았거든. 하지만 농민군을 이끄는 모습은 매우 당당해서 사람들은 그를 '녹두 장군'이라고 불렀지.

전봉준이 일본군에게 잡혀 처형된 후에 사람들은 이런 노래를 불렀어.

▲ 일본군에 잡혀가는 전봉준

"새야 새야 파랑새야, 녹두밭에 앉지 마라. 녹두꽃이 떨어지면 청포장수 울고 간다."

여기서 파랑새는 당시에 푸른색 군복을 입었던 일본군을, 녹두꽃은 전봉준을, 청포장수는 백성들을 의미한다고 하지. 매우 구슬프고 쓸쓸한 노래인데, 한번 찾아서 들어 봐.

힌두교도와 이슬람교도의 갈등

▲ 인도와 파키스탄 국기

인도는 종교가 생활의 큰 부분을 차지하는 나라야. 인도 사람들이 주로 믿는 종교는 힌두교와 이슬람교인데, 영국은 식민지였던 인도를 지배하는 동안 이 두 종교의 사이가 나빠지도록 교묘히 조종했어. 그 결과 북부는 이슬람 국가인 파키스탄으로, 남부는 힌두교 국가인 인도로 나뉘어 분리 독립이 되고 말았어.

독립 당시 전국에서 힌두교도들과 이슬람교도들이 크게 충돌했어. 간디는 이를 멈추라며 음식을 먹지 않는 단식에 들어가기도 했지. 간디는 전국을 돌면서 이슬람교도와 힌두교도들이 화합할 것을 외쳤어. 하지만 결국 한 힌두교도의 총에 맞아 죽고 말았지. 아직도 인도와 파키스탄은 분리되어 있으며, 여전히 종교적 갈등을 빚고 있어.

처칠의 '철의 장막'

▲ 미국 의회에서 연설하고 있는 처칠

제2차 세계 대전 후 세계는 미국과 소련을 중심으로 둘로 나뉘었어. 양쪽은 서로 총과 칼을 겨누지만 않았을 뿐이지, 끊임없이 서로의 세력이 커지지 않도록 억누르며 경쟁했어. 이를 '냉전'이라고 불러.

제2차 세계 대전 후 영국의 총리였던 처칠은 미국에 방문했을 때, 영국과 미국이 서로 협력해야

한다고 연설했어. 연설 중에 다른 나라와 교류하지 않는 소련의 태도를 두고 '철의 장막'이 쳐 있다고 표현했는데, 이후 '철의 장막'은 외부와 교류하지 않는 폐쇄적인 공산주의 국가들을 비판하는 말로 자주 쓰이고 있어.

대한민국 임시 정부를 수립한 안창호

일제 강점기 안중근의 이토 히로부미 암살 사건, 윤봉길의 상해 홍커우 공원 폭탄 사건과 관련된 독립운동가는 누굴까? 도산 안창호야. 안창호는 이 두 사건으로 체포되어 감옥에 갇히기도 했지.

1919년 3·1 운동 이후 각기 흩어져서 일본에 저항하던 독립운동가들이 4월에 상해에서 모여 임시 정부를 세웠어. 우리나라는 임시 정부를 중심으로 독립을 위해 투쟁했지. 안창호는

▲ 대한민국 임시 정부 국무원 기념 사진 (아랫줄 가운데가 안창호)

임시 정부에서 많은 일들을 했어. 각 지역의 독립운동가들을 모으고, 비밀 연락망을 만들어 국내외를 연결했어.

서울 도산 공원에 가면 안창호 기념관이 있는데 한국, 상해, 미국에서 활동한 안창호의 모습을 사진과 책으로 볼 수 있단다.

엘리너 루스벨트

여성과 약자를 위해 헌신하다

"여보, 걱정 말아요. 당신이 가지 못하는 곳엔 내가 가면 되니까요."

엘리너는 미국의 제32대 대통령 프랭클린 루스벨트 대통령의 부인이에요. 당시 미국은 제1차 세계 대전을 막 끝낸 데다 경제 대공황을 겪고 있었어요. 엘리너는 대통령이 직접 살피기 힘든 사회의 여러 문제를 해결하기 위해 나섰어요.

"아니, 대통령 부인께서 이런 곳까지 온다고요?"

엘리너는 직접 광산에 가서 광부들을 위로하고, 무료 급식소에서 손수 음식을 나눠 주거나 곤경에 처한 군인들을 돌보았어요. 또 라디오에 나가 국민들에게 격려하는 말을 전하기도 했어요. 엘리너는 항상 웃는 얼굴로 사람들을 대하며 희망을 주었어요.

백인 단체의 반대로 흑인 오페라 가수 마리아 앤더슨이 링컨 기념관에서 공연할 수 없게 되자, 엘리너는 무료 야외 공연을 위해 직접 후원금을 모으기도 했지요. 인종 차별 단체가 협박했지만 엘리너는 아랑곳하지 않았어요.

"여러 사람을 위하는 일을 하는 여성은 코뿔소 가죽처럼 두꺼운 피부를 갖고 있어야 한답니다."

이처럼 엘리너는 차별에 맞서 싸우는 여성들에게 아주 큰 용기를 주었어요. 유엔 인권위원회 의장이었던 엘리너는 간디와 함께 1948년 발표한 세계 인권 선언의 기틀을 마련하기도 했지요.

사회 운동가

엘리너 루스벨트
미국(1884~1962년)

미국의 정치가이자 사회 운동가. 인종 차별, 청소년 빈곤 등에 맞서 싸우고 여성 인권 등을 위해 노력함. 유엔 첫 회의 당시 미국 대표로 참석, 이후 세계 인권 선언의 기틀을 마련함.

1884	1905	1934	1948
미국에서 태어남.	프랭클린 루스벨트와 결혼함.	'올해의 여성'으로 선정됨.	유엔에서 발표한 세계 인권 선언의 기틀을 마련함.

1 글에서 알 수 있는 당시 미국의 상황으로 <u>틀린</u> 것을 고르세요.   (   )

① 프랭클린 루스벨트가 대통령이었어요.

② 여전히 인종 차별이 일어나고 있었어요.

③ 링컨 기념관에서는 누구나 공연을 할 수 있었어요.

④ 제1차 세계 대전과 대공황 때문에 사람들이 힘들었어요.

2 글을 읽고, 빈칸에 알맞은 말을 쓰세요.

엘리너는 간디와 함께 1948년 발표한 [ ][ ] [ ][ ] [ ][ ] 의 기틀

을 마련하기도 했어요.

3 엘리너와 관련 있는 말을 찾아 색칠하세요.

| 대통령 부인 | 무료 급식소 | 흑인 가수의 공연 | 인종 차별 찬성 |

4 엘리너에 대한 설명으로 <u>틀린</u> 것을 고르세요.   (   )

① 광부들을 위로하기 위해 광산에 직접 갔어요.

② 몇 년간 라디오를 진행하며 국민을 격려했어요.

③ 인종 차별 단체가 협박해도 아랑곳하지 않았어요.

④ 흑인 오페라 가수의 공연을 위해 직접 후원금을 모았어요.

💡 **어휘 풀이**

• **대공황** 세계적으로 일어나는 큰 규모의 경제 혼란 상황. 흔히 1929년에 있었던 세계적인 공황을 이른다.

• **곤경** 어려운 처지.

• **후원금** 개인이나 단체의 활동, 사업 따위를 돕기 위한 기부금.

• **협박하다** 강제적인 힘으로 겁이 나게 하여 남에게 어떤 일을 억지로 시키다.

• **기틀** 어떤 일의 가장 중요한 계기나 조건.

호찌민

베트남의 독립을 이끌다

"에잇, 이런 도둑놈 같으니라고!"

호찌민은 거리에서 프랑스 사람이 죄가 없는 베트남 사람을 괴롭히는 것을 보고 눈살을 찌푸렸어요. 프랑스의 식민지였던 베트남에서는 이런 일들이 자주 있었어요.

호찌민은 베트남 독립운동을 시작했어요. 먼저 베르사유 평화회의에 '베트남의 요구'라는 글을 보냈어요. 프랑스와 영국의 횡포를 널리 알려 베트남 독립을 이끌기 위해서였지요. 하지만 호찌민의 주장은 무시당했어요. 프랑스에서 호찌민을 체포하려 애썼지만 호찌민이 가짜 이름을 쓰고 변장을 해 가며 도망을 다니는 바람에 잡을 수 없었어요. 제2차 세계 대전이 한창이던 때, 30년 만에 베트남으로 돌아온 호찌민은 1945년 베트남의 독립을 선언하고 첫 국가 주석이 되었어요.

"이제 베트남은 온전히 베트남 사람들의 것이 되었습니다."

하지만 베트남은 다시 둘로 나뉘었어요. 프랑스를 비롯한 세계 여러 나라는 베트남을 떠나지 않고 다시 지배하려고 했어요. 혼란에 빠진 베트남에서는 미국과 전쟁이 일어나 많은 사람들이 죽었어요. 전쟁은 1975년 미국이 철수하면서 끝났고, 그제야 베트남은 진정한 통일을 할 수 있었지요.

통일을 보지 못하고 세상을 떠난 호찌민은 자신의 재를 베트남의 북부, 중부, 남부에 나눠 뿌려 달라고 했어요. 죽어서도 베트남의 통일을 원했기 때문이죠. 베트남 사람들은 아직도 호찌민을 '호 아저씨'라고 부르며, 독립 영웅이자 나라의 아버지로 여기고 있어요.

정치가	베트남 민족 운동의 지도자이자 국부, 초대 주석임. 프랑스의 식민지였던 베트남의 독립을 이루었으며, 남북으로 갈라진 베트남의 통일에 큰 역할을 함.

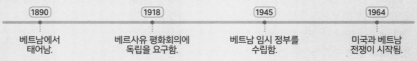

호찌민
베트남(1890~1969년)

1890	1918	1945	1964
베트남에서 태어남.	베르사유 평화회의에 독립을 요구함.	베트남 임시 정부를 수립함.	미국과 베트남 전쟁이 시작됨.

1 호찌민이 한 일이 <u>아닌</u> 것을 고르세요.   (   )

① 베르사유 평화회의에 글을 보냈어요.

② 베트남의 독립을 위해 여러 활동을 했어요.

③ 베트남의 독립을 위해 미국과의 전쟁을 일으켰어요.

④ 1945년 베트남의 독립을 선언했어요.

2 호찌민이 한 말을 읽고, 빈칸에 알맞은 말을 쓰세요.

> "이제 베트남은 온전히 ☐☐☐ 사람들의 것이 되었습니다."

3주

3 호찌민은 죽을 때 자신의 재를 베트남 곳곳에 뿌려 달라고 했어요. 그 이유를 바르게 말한 아이를 찾아 이름에 ○표 하세요.

정훈   죽어서는 편안히 쉬고 싶었기 때문이야.

유진   자신의 노력을 알아주는 베트남 사람들이 고마웠기 때문이야.

서영   죽어서도 베트남의 통일을 원했기 때문이야.

4 글에서 알 수 있는 당시 베트남의 상황으로 <u>틀린</u> 것을 고르세요.   (   )

① 프랑스의 식민지였어요.

② 독립 후 미국과 전쟁이 일어났어요.

③ 독립을 하자마자 둘로 나뉘었어요.

④ 프랑스는 베트남이 독립하자마자 베트남을 떠났어요.

💡 **어휘 풀이**

• **식민지** 강대국이 점령하여 정치적, 경제적으로 지배당하는 지역이나 나라.

• **체포** 죄인이나 죄를 저지른 의심이 드는 사람을 붙잡는 것.

• **변장** 본래의 모습을 감추려고 옷차림이나 얼굴, 머리 모양 따위를 다르게 바꿈.

• **주석** 일부 국가에서 국가나 정당 따위의 최고 직위. 또는 그 직위에 있는 사람.

• **철수** 있던 곳에서 장비나 시설물을 거두어 가지고 물러나는 것.

워런 버핏

남다른 투자 방식을 만들어 내다

워런 버핏은 1930년 미국의 세계 대공황 무렵 오마하에서 대대로 장사를 하던 집안에서 태어났어요. 워런 버핏은 6살 때부터 친구들에게 껌과 콜라를 팔아서 이익을 남겼고, 거리의 병뚜껑을 전부 주워서 어떤 음료수가 잘 팔리는지 조사하기도 했어요.

'돈을 더 많이 벌 방법은 없을까?'

돈 버는 일을 놀이처럼 즐겼던 워런 버핏의 꿈은 백만장자가 되는 것이었어요. 11살에 처음 주식 투자를 시작해서 꾸준히 돈을 모았는데, 그것만으로는 만족하지 못했어요. 그래서 26살 때, 자신을 믿어 주는 주위 사람들을 모아서 투자 조합을 만들었어요. 마침 미국 경제가 호황기였고, 조합원도 90명으로 늘어난 덕분에 워런 버핏은 32세의 나이에 백만장자의 꿈을 이루게 되었어요.

워런 버핏은 미래에 성공할 가능성이 높은 제품이나 회사를 남보다 먼저 알아보는 눈이 있었어요. 1965년에 월트 디즈니의 영화 〈메리 포핀스〉를 관람한 워런 버핏은 영화관 앞에 줄 서 있는 사람들을 보고 디즈니 주식에 투자했어요.

"한 편의 영화를 보기 위해 가족들이 줄지어 서 있다니, 이게 디즈니의 힘이야. 앞으로는 가족들을 위한 오락 영화와 공간이 더 큰 인기를 얻을 거야."

세계 최고의 부자였던 워런 버핏은 검소한 생활로도 유명해요. 그는 고가의 예술품도 수집하지 않고, 호화로운 자동차도 가지지 않고, 값싼 햄버거를 즐겨 먹었어요. 2006년부터는 본격적인 기부를 시작했고, 자기 재산의 85%를 사회에 기부하겠다고 약속했지요.

기업가
워런 버핏
미국(1930년~)

20세기를 대표하는 미국의 기업가이자 투자가. 주식 시장의 흐름을 정확히 읽는 뛰어난 투자 실력과 기부 활동으로 이름을 알림.

1930	1941	1956	1962	2006
미국에서 태어남.	11세에 주식 투자를 시작함.	투자 조합 '버핏 어소시에이츠'를 만듦.	백만장자의 꿈을 이룸.	기부를 시작함.

1 워런 버핏이 거리의 병뚜껑을 전부 주워서 조사한 이유를 고르세요.   (   )

① 병뚜껑을 모아서 가게에 팔려고

② 음료수 종류를 전부 파악하기 위해서

③ 껌보다 콜라가 더 팔기 쉬울 것 같아서

④ 가장 잘 팔리는 음료수가 뭔지 알기 위해서

2 워런 버핏에 대한 글을 읽으면서 알맞은 말에 ◯표 하세요.

> 워런 버핏은 (현재 사업이 잘되는 / 미래에 성공할 가능성이 높은) 제품이나 회사를 남보다 먼저 알아보는 눈이 있었어요.

3 글을 읽고, 알 수 있는 워런 버핏의 성격으로 맞는 것을 고르세요.   (   )

> 워런 버핏은 고가의 예술품도 수집하지 않고, 호화로운 자동차도 가지지 않고, 값싼 햄버거를 즐겨 먹었어요.

① 검소하다.   ② 꼼꼼하다.

③ 정직하다.   ④ 사치스럽다.

4 글을 읽고, 어울리는 속담을 찾아 ◯표 하세요.

> • 6살 때부터 친구들에게 껌과 콜라를 팔아서 이익을 남겼어요.
> • 11살에 처음 주식 투자를 시작했어요.

도토리 키 재기   될성부른 나무는 떡잎부터 알아본다   뛰는 놈 위에 나는 놈

어휘 풀이

- **대대로** 여러 대를 이어서 계속해서.
- **백만장자** 재산이 매우 많은 사람. 또는 아주 큰 부자.
- **투자 조합** 목적과 이해를 같이하는 사람들이 공동으로 돈을 내서 투자하고 이익을 나누어 가지는 단체.
- **호황기** 경제 상황과 경기가 좋은 상태나 시기.
- **고가** 비싼 값.

3주

흑인의 인권을 되찾다

1955년 12월 1일, 로자 파크스는 고된 일을 마치고 집으로 가는 버스에 탔어요. 버스 앞쪽은 백인 좌석, 버스 뒤쪽은 흑인 좌석이었지요. 로자 파크스는 흑인 좌석의 빈자리에 앉았어요. 그런데 다음 정거장에서 탄 백인 손님들이 자리가 없다고 말하자, 운전기사가 자리에서 벌떡 일어나 흑인 좌석 표시판을 뒤로 옮겼어요. 로자 파크스가 앉은 자리가 백인 자리가 되어 버린 거예요.

"거기 흑인 아줌마, 자리에서 비키시오."

"난 정당한 요금을 내고 정해진 자리에 앉았어요. 비키지 않을 거예요."

운전기사는 경찰을 불렀고, 로자 파크스는 '인종 분리법' 위반으로 체포되었어요. 인종 분리법은 백인과 흑인을 차별하는 법이었어요. 흑인은 백인과 화장실도 따로 써야 했고, 물도 따로 마셔야 했어요. 일찍부터 흑인 인권 운동을 해 왔던 로자 파크스는 분리와 차별을 더 이상 견딜 수 없었어요.

"로자 파크스를 풀어 줘라. 그렇지 않으면 버스를 타지 않겠다."

흑인들은 시위를 하며 버스를 이용하지 않기로 했어요. 몽고메리 시의 버스는 1년 넘게 텅 빈 채로 다녔어요.

마침내 법원은 로자 파크스의 무죄를 선고하고, 흑인과 백인을 분리하여 버스를 이용하게 하는 것이 헌법 위반이라고 판결했지요. 자신이 피해를 볼 것을 알고 있었지만, 불합리한 차별에 저항한 로자 파크스 덕분이었어요.

인권 운동가

로자 파크스
미국(1913~2005년)

미국의 인권 운동가. 1955년 버스에서 백인에게 좌석을 내어 주길 거부함. 이로 인해 인종 분리에 저항하는 시민 운동이 시작됨.

1913	1932	1955	1996
미국에서 태어남.	사회 운동가 레이먼드 파크스와 결혼함.	버스에서 자리 양보를 거부함.	대통령 자유 훈장을 수상함.

1 글에서 알 수 있는 당시 상황에 대한 설명으로 <u>틀린</u> 것을 고르세요.   (   )

① 로자 파크스는 경찰에 체포되었어요.

② 버스에 흑인 좌석과 백인 좌석이 따로 있었어요.

③ 로자 파크스 사건 이후 흑인들은 1년 넘게 버스를 타지 않았어요.

④ 인종을 분리하여 버스를 이용하게 하는 것은 헌법에 있는 내용이었어요.

2 글을 읽고, 빈칸에 알맞은 말을 쓰세요.

은 백인과 흑인을 차별하는 법으로, 흑인은 백인과 화

장실도 따로 써야 했고, 물도 따로 마셔야 했어요.

3 인종 분리법에 해당하지 <u>않는</u> 것을 고르세요.   (   )

① 흑인은 하얀색 옷을 입을 수 없어요.

② 흑인은 백인과 다른 화장실을 썼어요.

③ 흑인은 백인과 같은 물을 마실 수 없어요.

④ 버스에는 흑인과 백인의 자리가 따로 정해져 있어요.

4 로자 파크스에 대한 설명으로 <u>틀린</u> 것을 고르세요.   (   )

① 불합리한 차별에 대해 저항했어요.

② 일찍부터 흑인들의 인권을 위해 노력해 왔어요.

③ 여성에 대한 차별에 반대하여 시민 운동을 일으켰어요.

④ 버스에서 분리와 차별이 일어나는 것을 참지 못했어요.

🧠 어휘 풀이

• **위반** 법률, 명령, 약속 따위를 지키지 않고 어김.

• **시위** 많은 사람이 공공연하게 의사를 표시하여 집회나 행진을 하며 위력을 나타내는 일.

• **선고** 선언하여 널리 알림.

• **판결** 재판에서 옳고 그름을 법률적으로 따져서 결정하는 것.

넬슨 만델라
첫 흑인 대통령이 되다

청년 만델라는 엄격한 인종 분리 정책인 '아파르트헤이트'가 시행되던 남아프리카공화국에 살고 있었어요. 흑인은 흑인 전용 지역에 살아야 하고, 흑인 전용 버스를 타고, 흑인 학교에만 다녀야 했어요.

"이건 말도 안 되는 일이야! 우리도 이런 인종 분리 정책에 항의해야 해."

처음에는 폭력을 쓸 생각이 없었던 만델라는 다른 흑인들과 함께 인종 분리 정책에 대한 불복종 운동을 시작했어요. 그런데 평화적 시위를 하는 흑인들에게 경찰이 총을 쏘았고 수많은 사람들이 죽자, 만델라는 무력으로 싸워야 한다고 생각하게 되었어요.

만델라는 비밀 군대를 조직해 정부와 본격적으로 싸울 준비를 시작했어요. 하지만 활동을 시작하기도 전에 체포되어 종신형을 선고받고 말았어요.

'절망하면 지는 거야. 감옥에 있는 동안 나를 더 강하게 만들어야지.'

만델라는 매일 책을 읽고 흑인들과 이야기를 나누면서 왜 세상을 바꿔야 하는지 알려 주었어요. 그리고 감옥에서 편지를 보내 남아프리카공화국이 어떤 인종 차별을 하고 있는지 세상 곳곳에 알렸어요. 만델라는 감옥 안에 있으면서 흑인들의 지도자가 되었지요. 1990년, 만델라는 27년간의 감옥 생활을 마쳤어요.

"싸움보다는 화합이 중요합니다. 흑인도 백인도 모두 남아공 사람입니다."

남아프리카공화국은 민주 선거를 하게 되었고, 만델라가 압도적인 지지를 받고 대통령에 당선되었지요. 이제 남아프리카공화국은 흑인과 백인이 함께 살아가는 새로운 나라가 되었답니다.

정치가

넬슨 만델라
남아프리카공화국
(1918년~2013년)

흑인 인권 운동의 상징으로 남아프리카공화국 최초의 흑인 대통령이 됨. 비폭력 투쟁을 꿈꾸었으나 흑인 학살 사건으로 인해 비밀 군대를 조직하려다 27년간 복역함.

1918	1964	1990	1993	1994
남아프리카공화국에서 태어남.	무장 투쟁 단체를 조직하여 종신형을 선고받음.	27년 만에 감옥에서 석방됨.	노벨 평화상을 수상함.	남아프리카공화국의 대통령이 됨.

1 만델라의 생각이 어떻게 변했는지 빈 곳에 알맞은 말을 쓰세요.

처음에는 _____을 쓸 생각이 없었어요.

⬇

수많은 사람들이 죽자, _____으로 싸워야 한다고 생각했어요.

⬇

싸움보다 _____이 중요하다고 생각하게 되었어요.

2 만델라의 생각을 바르게 말한 아이를 찾아 이름에 ◯표 하세요.

소은   흑인들끼리 모여 살아야 진정한 독립이라고 생각했어.

재원   흑인과 백인을 가르는 인종 분리 정책이 옳지 않다고 생각했어.

원덕   흑인들만 남아공 사람이라고 생각했어.

3 남아프리카공화국의 엄격한 인종 분리 정책을 뜻하는 말을 쓰세요.

✎ _____

4 만델라가 한 일이 아닌 것을 고르세요.   (   )

① 남아프리카공화국의 대통령이 되었어요.
② 비밀 군대를 만들어 많은 백인을 해쳤어요.
③ 인종 분리 정책에 항의하는 불복종 운동을 했어요.
④ 감옥에서 편지를 보내 남아프리카공화국의 상황을 세상에 알렸어요.

어휘 풀이

- **전용** 특정한 사람이나 단체만 사용하게 되어 있는 것.
- **무력** 군사상의 힘.
- **종신형** 아주 심한 죄를 저지른 사람에게 기간을 정하지 않고 오랫동안 교도소 안에 가두는 형벌.
- **화합** 사람들이 사이 좋고 화목하게 어울리는 것.
- **압도적** 보다 뛰어난 힘이나 재주로 남을 눌러 꼼짝 못 하게 하는 것.

3주

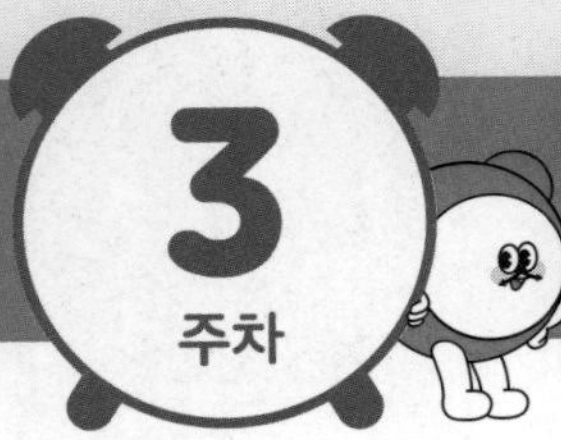

11일차 12일차 13일차

1 다음 설명에 알맞은 인물을 찾아 줄로 이으세요.

| 프랑스 식민지였던
베트남의 독립을 이끌었어요. | • | • | 호찌민 |

| 미국의 제32대 대통령
프랭클린 루스벨트의 부인이에요. | • | • | 워런 버핏 |

| 재산의 85%를 사회에
기부하겠다고 약속했어요. | • | • | 엘리너 루스벨트 |

12일차

2 호찌민이 밑줄 친 행동을 한 이유를 고르세요. ( )

프랑스에서 호찌민을 체포하려 애썼지만 호찌민이 <u>가짜 이름을 쓰고 변장을 해 가며</u> 도망을 다니는 바람에 잡을 수 없었지요.

① 변덕스러운 성격이어서   ② 프랑스에 잡히지 않기 위해서
③ 새로운 이름과 모습이 좋아서   ④ 평소에 변장하는 것이 취미여서

14일차 15일차

3 다음 글을 읽고, 빈칸에 공통으로 들어갈 말을 쓰세요.

- 로자 파크스는 백인과 흑인의 버스 좌석을 분리하는 정책에 항의하여 체포되었고, 이로부터 ☐☐ 분리에 저항하는 시민 운동이 시작되었어요.
- 넬슨 만델라는 남아프리카공화국의 ☐☐ 차별 문제를 세계에 널리 알려서 흑인들의 지도자가 되었어요.

4 밑줄 친 말의 의미로 알맞은 것을 고르세요. ( )

> "여러 사람을 위하는 일을 하는 여성은 <u>코뿔소 가죽처럼 두꺼운 피부를 갖고 있어야 한답니다.</u>"

① 용감해야 한답니다.　　　　② 뻔뻔해야 한답니다.
③ 현명해야 한답니다.　　　　④ 똑똑해야 한답니다.

5 다음 중 워런 버핏이 한 말이 <u>아닌</u> 것을 고르세요. ( )

① 돈을 더 많이 벌 방법은 없을까?
② 가족들을 위한 오락 영화와 공간이 인기를 얻을 거야.
③ 부자가 돼서 고가의 예술품이나 호화로운 자동차를 살 거야.
④ 병뚜껑을 주워서 어떤 음료수가 잘 팔리는지 조사해야겠어.

 매체 활용

6 선생님이 말한 내용과 어울리지 <u>않는</u> 의견을 낸 아이를 찾아 이름에 ○표 하세요.

선생님
•20○○년 8월 ○○일

모두들 로자 파크스에 대한 영상 잘 보았죠? 그녀는 버스에서 백인과 흑인의 자리를 분리하는 이상한 정책에 대해 항의하는 용기를 보여 줬어요. 여기에 대해서 자유롭게 자신의 의견을 달아 보세요.

댓글 달기 | 공유하기 | 좋아요 | ♥3

└ **이지연** 20○○년 8월 ○○일
　요즘 버스에서 노인에게 자리를 양보하지 않는 경우가 많은데 참 문제예요.

└ **김하늘** 20○○년 8월 ○○일
　백인과 흑인의 자리까지 따로 있었다니 그 시대에는 인종 차별이 심했네요.

└ **서민지** 20○○년 8월 ○○일
　로자 파크스의 용기가 참 대단한 것 같아요.

└ **신중헌** 20○○년 8월 ○○일
　피부 색깔에 따라 사람을 차별하다니 있을 수 없는 일이에요!

세계 대공황과 뉴딜 정책

▲ 직장에서 해고된 노동자

미국은 제1차 세계 대전을 치르면서 무기를 팔아 큰돈을 벌어 세계에서 제일가는 부자 나라가 되었어. 도시에는 높은 빌딩이 세워지고, 할리우드 영화들이 제작되어 전 세계적으로 흥행을 거두었어. 거리에는 유행에 맞춰 화려하게 차려입은 멋쟁이들이 넘쳐났지.

공장의 기계는 쉬지 않고 움직였고, 생산품이 쌓여 갔어. 그런데 생산품이 너무 많아지자, 소비가 그 속도를 따라갈 수 없었어. 공장에는 재고가 쌓였고, 기업은 직원들을 해고하기 시작했어. 해고된 직원들은 수입이 줄어 더 소비를 할 수 없게 되었고, 공장의 재고는 계속해서 쌓여만 갔지. 결국 공장들은 문을 닫게 되었어. 그러던 1929년 10월 어느 목요일, 주식 가격이 크게 떨어졌어. '검은 목요일'로 불리게 된 그날 이후 기업과 은행이 연달아 무너졌어. 이 현상은 단숨에 전 세계로 퍼져 나가 10년간 경제 위기가 이어졌는데, 이게 바로 세계 대공황이야.

당시 미국 대통령이었던 루스벨트는 경제를 되살리기 위해 댐 공사 등 국가에서 주도하는 사업을 펼쳤어. 실업자들에게 일자리를 제공했고, 수입이 생긴 사람들이 소비를 시작했지. 그래서 공장도 다시 돌아가게 된 거야. 이것을 '뉴딜(New deal) 정책'이라고 해. 뉴딜 정책이 성공하면서 정부에서는 경제를 시장의 원리에만 맡기지 않게 되었고 필요하면 적극적으로 개입하기 시작했어.

▲ 댐 공사

7년간의 베트남 전쟁

▲ 베트남 전쟁에 반대하는 시위

1883년부터 프랑스의 지배를 받던 베트남은 8년이나 전쟁을 해서 겨우 승리했어. 하지만 남베트남에는 미국의 지원을 받는 정부가, 북베트남에는 호찌민이 지도하는 정부가 세워졌지. 남과 북이 나뉘게 된 거야. 호찌민은 베트남에 통일 국가를 세우려고 했어. 하지만 이를 반대한 미국이 남베트남 정부와 함께 북부의 호찌민 정부에 전쟁을 선포했어. 이게 베트남 전쟁이야. 베트남 전쟁은 7년이나 계속되었고, 수많은 베트남인들과 미국 군인들이 의미 없이 희생을 당했어.

미국에서는 대대적으로 전쟁을 반대하는 시위가 열렸고, 결국 1975년 미군이 철수하면서 전쟁은 끝이 났어. 베트남에는 공산주의 혁명 정부가 들어섰고, 베트남 전쟁은 미국이 처음으로 진 전쟁으로 기록되고 있어.

아직도 계속되는 인종 차별

로자 파크스의 사건이 있기 9개월 전 비슷한 사건이 더 있었단다. 그 사건의 주인공은 바로 15세의 흑인 소녀 클로데트 콜빈이었어. 콜빈은 백인에게 자리를 비켜 주라는 버스 기사의 요구를 거부했는데, 경찰 폭행 혐의까지 받아 유죄를 선고받았지.

콜빈은 스무살 때 몽고메리를 떠나 뉴욕에서 살았지만, 가족은 늘 불안에 떨어야 했어. 범죄자 취급을 받아야 했던 콜빈이 가족을 만나러 고향에 올 때마다 다시 체포될까 두려웠던 거지.

▲ 클로데트 콜빈

콜빈은 2021년 법원에 범죄 기록을 지워 달라고 요청했어. 66년이 지나도 여전히 콜빈을 범죄자로 보고 있는 법원에게 무죄라고 주장한 거야. 콜빈은 신청서를 제출한 뒤 "이제 나는 비행 청소년이 아니다."라고 당당히 말했어.

고트프레드 크리스티안센

덴마크 대표 장난감을 만들다

"아빠, 창고에 쌓인 요요를 장난감 트럭 바퀴로 쓰면 어떨까요?"

"아주 기발한 생각이야. 멋진 장난감 트럭이 되겠는데."

어느 날 고트프레드가 아버지와 함께 목수로 일하며 장난감을 만들던 목공소에 불이 났어요. 실망한 고트프레드에게 아버지는 플라스틱으로 장난감을 만들어 보자고 했어요. 플라스틱은 가볍고 공장에서 한꺼번에 많이 생산할 수도 있으니까요. 고트프레드는 아버지의 격려에 힘입어 새로운 장난감을 만들었어요.

"이제부턴 우리 장난감에 '레고'라는 이름을 붙이면 어떻겠니?"

"레고요? 아, 덴마크 말 '레그 고트'! 재미있게 놀라는 뜻으로요? 정말 멋진데요, 아버지!"

사장이 된 고트프레드는 몇 가지 원칙을 정했어요.

"우리 레고의 장난감은 아이들의 상상력과 창의력을 자극해야 합니다. 다양한 방식으로 놀 수 있어야 하고, 성별에 관계없이 즐길 수 있어야 하지요."

1955년 고트프레드는 이 원칙에 딱 맞는 장난감을 내놓았어요. 돌기 모양이 같아서 블록끼리 끼우면 상상한 것을 모두 만들 수 있는 새로운 형태의 블록이었어요. 레고 블록은 아이들에게 큰 인기를 끌었고, 고트프레드는 은퇴할 때까지 새로운 장난감을 계속 만들었어요.

수많은 장난감 중 하나였던 레고는 덴마크를 대표하는 상품이 되었어요. 그리고 지금도 세계의 많은 아이가 '레고' 하고 있어요.

기업가

고트프레드 크리스티안센
덴마크(1920~1995년)

덴마크의 기업가. 덴마크를 대표하는 장난감 회사인 '레고'를 발전시켜, 아이들이 스스로 만들고 즐기며 이야기를 고안해 낼 수 있는 현재의 레고를 만듦.

1920	1934	1955	1963
덴마크에서 태어남.	'레고' 이름을 탄생시킴.	레고 시스템 완구를 판매함.	빌룬드에 레고랜드를 개장함.

1 고트프레드가 장난감을 만든 재료를 고르세요.   (   )

① 돌   ② 유리   ③ 종이   ④ 플라스틱

2 글을 읽고, 빈 곳에 알맞은 말을 쓰세요.

> _____는 덴마크 말 '레그 고트', 즉 재미있게 놀라는 뜻의 말에서 나온 이름이에요.

3 고트프레드가 레고를 만들 때 중요하게 생각했던 것을 모두 찾아 색칠하세요.

상상력	가격	목공소	창의력

4 고트프레드에 대한 설명으로 **틀린** 것을 고르세요.   (   )

① 고트프레드의 아버지는 목수였어요.

② 고트프레드는 기발한 생각을 잘 해냈어요.

③ 고트프레드는 플라스틱 장난감을 만드는 것에 반대했어요.

④ 고트프레드는 블록끼리 끼우는 장난감을 만들었어요.

💡 **어휘 풀이**

- **목공소** 나무로 가구, 창틀 따위의 물건을 만드는 곳.
- **격려** 용기나 의욕이 솟아나도록 북돋워 주는 것.
- **성별** 남녀나 암수의 구별.
- **돌기** 밋밋한 데에 뾰족하게 도드라져 나온 부분.
- **은퇴** 나이가 많은 사람이 관직이나 공적인 사회 활동을 그만두는 것.

17일차

체 게바라
세상을 바꾸기 위해 노력하다

의사를 꿈꾸던 체 게바라는 의대에 입학하기 전 친구와 라틴 아메리카로 오토바이 여행을 떠났어요. 어릴 때부터 앓던 천식 때문에 집에서 책만 읽으며 자랐던 터라, 의대에 가기 전에 세상을 보고 싶었거든요. 하지만 여행은 체 게바라를 엉뚱한 곳으로 이끌었어요. 가는 곳마다 가난에 고통받고 제대로 교육받지 못하는 사람들을 만났으니까요. 여행에서 돌아온 체 게바라는 빨리 의사가 되어 사람들을 돕고 싶어서 8개월 만에 공부를 마치고 스물다섯이 채 되기도 전에 의사가 되었지요.

체 게바라는 다시 여행을 떠났어요. 낮에는 의사로 환자를 돌보고, 밤에는 자신과 생각이 같은 혁명가들과 이야기를 나누었어요. 멕시코에 간 체 게바라는 독재에 시달리는 쿠바를 바꾸기 위해 애쓰던 카스트로를 만나게 되었어요.

"난 쿠바를 바꾸고 싶네. 혁명을 일으킬 거야. 자네가 도와주겠나?"

"그러지! 내 온 힘을 다하여!"

1956년 체 게바라는 카스트로를 비롯한 여러 동지들과 쿠바에 몰래 들어갔어요. 그리고 농민들의 도움을 받아 4,000명이 넘는 군인들과 싸우기 시작했지요. 마침내 혁명은 성공했고 쿠바의 독재자는 도망갔어요. 카스트로는 총리가 되었고 체 게바라는 쿠바 정부의 중요한 일을 맡아 민중들을 위한 정책을 폈어요.

6년 후 체 게바라는 쿠바를 떠났어요. 여전히 독재에 시달리는 볼리비아의 혁명을 도우러 갔다가 결국 볼리비아에서 죽고 말았어요. 사람들의 기억 속에 체 게바라는 영원한 혁명가로 남아 있어요.

정치가, 혁명가

체 게바라
아르헨티나(1928~1967년)

아르헨티나 출생의 쿠바 정치가, 혁명가. 피델 카스트로와 함께 쿠바 혁명에 참여하였고, 라틴 아메리카 민중 혁명을 위해 싸우다 볼리비아에서 사망함.

1928	1953	1955	1959
아르헨티나에서 태어남.	의사가 됨.	피델 카스트로와 만남.	쿠바 혁명에 성공함.

1 체 게바라가 한 일의 순서에 맞게 빈칸에 번호를 쓰세요.

쿠바 정부에서 중요한 일을 맡아서 했어요.	멕시코에서 카스트로를 만났어요.	친구와 오토바이 여행을 했어요.	의사가 되었어요.
( )	( )	( )	( )

2 글을 읽고, 빈칸에 알맞은 말을 쓰세요.

> 체 게바라는 쿠바 정부의 중요한 일을 맡아 □□들을 위한 정책을 폈어요.

3 체 게바라에 대한 설명을 읽으면서 맞는 말에 ○표 하세요.

(1) 체 게바라는 (큰돈을 벌기 위해 / 사람들을 돕기 위해) 빨리 의사가 되려고 했어요.

(2) 체 게바라는 낮에는 의사로 환자를 돌보고, 밤에는 자신과 생각이 같은 (작가 / 혁명가)들과 이야기를 나누었어요.

4 글에서 알 수 있는 당시 라틴 아메리카의 상황으로 맞는 것을 고르세요.   (   )

① 의사가 되기 매우 힘들었어요.

② 쿠바의 독재자는 카스트로였어요.

③ 쿠바와 볼리비아는 독재에 시달리고 있었어요.

④ 차가 없어서 오토바이가 중요한 교통수단이었어요.

💡 **어휘 풀이**

- **천식** 기관지에 경련이 일어나는 병.
- **독재** 특정 개인, 단체 등이 어떤 분야에서 모든 권력을 차지하여 모든 일을 독단으로 처리함.
- **혁명** 이전의 방식에서 벗어나 새로운 것으로 고쳐 변화시키는 힘.
- **민중** 한 국가나 사회에서 다수를 이루는 보통 사람들.

인종 차별에 맞서 싸우다

"나에게는 꿈이 있습니다. 내 아이들이 피부색이 아닌 인격으로 사람을 평가하는 나라에 살게 되는 꿈입니다."

1963년 8월 28일은 링컨이 노예 해방을 선언한 지 100년이 되는 해였어요. 이날 흑인들은 워싱턴 기념탑 아래에서 인종 차별에 반대하며 행진을 하기로 했어요. 전국에서 차와 비행기, 기차를 타고 온 사람들이 모여 광장을 가득 채웠어요. 마틴 루터 킹은 벅찬 가슴을 안고 연설을 했고, 전 세계인들은 수십만 명의 흑인들이 평화롭게 행진하는 모습을 보고 감명을 받았어요.

마틴 루터 킹은 몽고메리 시의 버스 승차 거부 운동 때문에 흑인 인권 운동의 지도자로 알려졌어요. 백인에게 자리를 양보하지 않았다는 이유로 로자 파크스가 경찰에 잡혀가자, 젊은 목사였던 마틴 루터 킹은 흑인들의 힘을 모으는 데 앞장섰지요. 협박 전화와 편지가 빗발치고 집에서 폭탄까지 터졌지만 마틴 루터 킹은 포기하지 않았어요.

"제가 쓰러지더라도 이 일은 계속되어야 합니다. 왜냐하면 우리는 지금 옳은 일을 하고 있기 때문입니다."

1964년, 길고 지루한 싸움 끝에 존슨 대통령은 새로운 민권법에 서명했어요. 이제 공공장소에서 인종을 분리하거나 피부색으로 차별하는 일은 불법이 되었지요. 마틴 루터 킹과 모든 흑인들의 승리였어요. 같은 해, 그는 노벨 평화상을 받았지요. 하지만 1968년 암살을 당하고 말았어요. 이후 매년 1월 셋째 주 월요일은 '마틴 루터 킹의 날'로 지정되었어요.

목사, 인권 운동가

마틴 루터 킹
미국(1929~1968년)

미국 흑인 해방 운동의 지도자이자 목사. 흑인이 백인과 동등한 시민권을 가졌음을 주장하는 운동의 지도자로 활약하였음.

1929	1954	1955	1963	1964
미국에서 태어남.	목사가 됨.	몽고메리 시에서 버스 승차 거부 운동을 벌임.	워싱턴 시위에서 연설함.	노벨 평화상을 수상함.

1 마틴 루터 킹이 살았던 당시 미국의 상황으로 <u>틀린</u> 것을 고르세요.   (   )

① 링컨이 막 노예 해방을 선언했어요.

② 버스에서 흑인과 백인이 따로 앉아야 했어요.

③ 흑인 인권 운동을 지지하는 사람들이 많았어요.

④ 1964년, 존슨 대통령이 새로운 민권법에 서명했어요.

2 마틴 루터 킹이 흑인 인권 운동의 지도자로 알려지게 된 이유를 고르세요.   (   )

① 노벨 평화상을 받았기 때문이에요.

② 처음으로 노예 해방을 선언했기 때문이에요.

③ 새로 만들어진 민권법에 서명했기 때문이에요.

④ 몽고메리 시의 버스 승차 거부 운동에 앞장섰기 때문이에요.

3 마틴 루터 킹이 한 일이 <u>아닌</u> 것을 모두 고르세요.   (,   )

4주

① 흑인 인권 보호를 위해 협박 전화를 했어요.

② 로자 파크스를 위해 흑인들의 힘을 모았어요.

③ 버스에서 백인에게 자리를 양보하지 않았어요.

④ 인종 차별에 반대하는 연설을 했어요.

4 글을 읽고, 빈칸에 알맞은 말을 쓰세요.

> 나에게는 꿈이 있습니다. 내 아이들이 [ ][ ][ ] 이 아닌 [ ][ ] 으로 사람을 평가하는 나라에서 살게 되는 꿈입니다.

💡 **어휘 풀이**

• **행진** 여럿이 줄을 지어 앞으로 걸어가는 것.

• **빗발치다** 어떤 뜻을 나타내는 일이 끊이지 않고 계속되다.

• **서명** 자기 이름을 써넣음. 또는 써넣은 것.

• **지정** 특별한 지위나 자격을 가지도록 정하는 것.

왕가리 마타이
아프리카의 밀림을 구하다

　나이로비 대학교 수의학과 교수 왕가리 마타이는 한숨을 쉬었어요. 넓은 초원과 밀림으로 뒤덮여 있던 고향 케냐의 모습이 몇십 년 사이에 빠르게 변하고 있었거든요. 밀림이 있던 자리에는 건물이 들어섰고 초원은 농지로 변했어요. 사막은 조금씩 넓어지고 흔히 볼 수 있었던 동물들도 자취를 감추었지요.

　왕가리 마타이의 마음속에는 또 다른 숙제도 있었어요. 아프리카의 가난하고 소외된 여성들을 돕는 일이었지요. 동아프리카의 첫 여성 박사였던 왕가리 마타이는 환경 문제와 여성 문제를 동시에 해결하고 싶었어요.

　그래서 '그린벨트 운동'이라는 단체를 만들었어요. 사람들과 함께 마을에 나무를 심은 후, 여성들을 모아 나무를 키우는 법과 곡물을 팔아 돈을 버는 법, 가정 폭력에서 벗어나는 법을 가르쳤어요. 그리고 무엇보다 교육의 중요성을 알려 주었지요.

　"여성이라고 학교에 가는 것을 포기하면 안 됩니다!"

　왕가리 마타이는 환경부 차관과 국회의원을 하면서 환경과 여성 인권을 위해 노력했어요. 왕가리 마타이가 심은 나무는 무려 4천만 그루가 넘었어요. 또한 아프리카 여성들의 인권은 수십 년 전에는 상상하기 어려울 정도로 높아졌지요.

　2004년 왕가리 마타이는 노벨 평화상을 받았어요. 아프리카 사람들은 왕가리 마타이를 나무 어머니라는 뜻의 '마마 미티'라고 부른답니다.

　"나무는 생명과 희망입니다. 천국은 아마도 녹색일 거예요."

환경 운동가

왕가리 마타이
케냐(1940~2011년)

케냐의 여성 환경 운동가. 아프리카 여성 최초로 노벨 평화상 수상. 아프리카 '그린벨트 운동'을 창설, 환경을 고려한 아프리카의 사회, 문화, 경제적 발전을 추구함.

1940	1971	1977	2002	2004
케냐에서 태어남.	수의학 박사 학위를 받음.	환경 단체 '그린벨트 운동'을 세움.	국회의원에 당선됨.	노벨 평화상을 수상함.

1 왕가리 마타이가 살았던 당시의 상황으로 <u>틀린</u> 것을 고르세요.   (   )

① 케냐에는 원래 초원과 밀림이 많았어요.

② 아프리카에서는 여성 박사가 드물었어요.

③ 아프리카 여성들은 환경 보호에 앞장섰어요.

④ 왕가리 마타이는 아프리카 사람들의 존경을 받았어요.

2 왕가리 마타이에 대한 설명으로 맞으면 ○표, 틀리면 X표 하세요.

(1) 아프리카 여성의 인권을 높였어요.   (   )

(2) '마마 미티', 나무 어머니라는 별명을 가졌어요.   (   )

(3) 아프리카에 건물을 짓고 농지를 개발했어요.   (   )

4주

3 왕가리 마타이의 말을 읽고, 빈칸에 알맞은 말을 쓰세요.

"나무는 [   ] 과 [   ] 입니다. 천국은 아마도 녹색일 거예요."

4 왕가리 마타이와 관련된 것을 모두 찾아 색칠하세요.

나무 심기   건물 세우기   그린벨트 운동   여성 인권

💡 **어휘 풀이**

- **밀림** 나무들이 빽빽하게 들어찬 숲.
- **농지** 농사짓는 데 쓰는 땅.
- **자취** 어떤 것이 남긴 표시나 자리.
- **소외** 어떤 무리에서 기피하여 따돌리거나 멀리함.
- **그린벨트** 자연 환경 보전을 위해 도시의 무질서한 개발을 제한한 구역.

20 일차

무함마드 유누스

가난한 이들에게 돈을 빌려주다

유누스는 방글라데시의 부잣집 아들로 미국의 좋은 대학에서 공부를 마친 후 고향으로 돌아왔어요. 하지만 유누스는 마음이 복잡했어요.

'국민 대부분이 가난한데 경제학이 도대체 무슨 소용일까?'

주변을 돌아보면 온통 가난한 이들뿐이었어요. 단돈 몇만 원이 없어서 굶거나, 돈을 빌렸다가 불어나는 이자 때문에 더 힘들어진 사람들도 있었어요. 사실 이렇게 가난한 사람들은 돈을 벌 방법도 딱히 없었어요. 농사지을 땅도 없고, 장사할 밑천도 없었지요. 은행은 돈을 갚을 방법이 확실하지 않은 이들에게는 돈을 빌려주지 않거든요.

'돈이 정말 필요한 사람들에게 돈을 빌려주면 오히려 잘 갚지 않을까?'

유누스는 가난한 이들에게 자신의 돈을 빌려주기 시작했어요. 처음에는 돈을 받지 못할까 봐 걱정했지만 거의 모든 사람이 돈을 갚았지요. 믿음이 생긴 유누스는 자신이 은행에서 대출까지 받아 더 많은 사람에게 꼭 필요한 적은 액수의 돈을 이자 없이 빌려주었어요.

결과는 놀라웠어요. 대부분의 사람들이 돈을 갚았고, 돈을 빌렸던 사람들은 끔찍한 가난에서 벗어났어요. 마침내 유누스는 그라민 은행을 세워 가난한 이들에게 소액으로 돈을 빌려주는 일을 시작했어요. 노벨 평화상을 받은 유누스는 성공 비결에 대해 이렇게 말했어요.

"사회가 잘못되었기에 가난이 생기는 겁니다. 조금만 손을 뻗어 도와주면 누구나 가난에서 벗어날 수 있지요."

은행가

무함마드 유누스
방글라데시(1940년~)

은행가이자 대학 교수로 방글라데시 그라민 은행의 창립자. 소액을 대출해 주는 그라민 은행을 설립하여 방글라데시의 빈곤을 퇴치하는 데 앞장섬.

1940	1969	1976	1993	2006
방글라데시에서 태어남.	경제학 박사 학위를 받음.	그라민 은행 프로젝트를 제안함.	그라민 은행이 흑자로 전환됨.	노벨 평화상을 수상함.

1 유누스의 말을 읽고, 빈칸에 알맞은 말을 쓰세요.

> "[   ][   ]가 잘못되었기에 [   ][   ]이 생기는 겁니다. 조금만 손을 뻗어 도와 주면 누구나 가난에서 벗어날 수 있지요."

2 유누스가 돈을 빌려주는 원칙으로 맞는 것을 고르세요.   (   )

① 많은 액수의 돈을 이자 많이!   ② 많은 액수의 돈을 이자 없이!

③ 적은 액수의 돈을 이자 없이!   ④ 적은 액수의 돈을 이자 많이!

3 다음 중 그라민 은행에서 돈을 빌리기 <u>어려운</u> 사람을 고르세요.   (   )

① 작은 그릇 장사를 해서 가족들을 먹여 살리고 싶은 사람

② 목수 기술을 배워 직업을 가지고 싶은 사람

③ 소 한 마리를 사서 농사를 짓고 싶은 사람

④ 큰 집을 사서 투자를 하고 싶은 사람

4주

4 유누스가 한 일의 순서에 맞게 빈칸에 번호를 쓰세요.

그라민 은행을 세웠어요.	은행에서 대출을 받아 돈을 빌려줬어요.	노벨 평화상을 수상했어요.	주변 사람에게 자기 돈을 빌려줬어요.
( )	( )	( )	( )

💡 **어휘 풀이**

- **경제학** 경제 현상을 분석하고 연구하는 학문.
- **이자** 남에게 돈을 빌려 쓴 대가로 치르는 일정한 비율의 돈.
- **밑천** 어떤 사업을 시작하는 데에 기초가 되는 돈이나 재물.
- **대출** 돈이나 물건 따위를 빌려주거나 빌림.
- **소액** 적은 금액. 적은 액수.

17일차 19일차 20일차

1 다음 인물과 관련 있는 것을 보기 에서 모두 찾아 기호를 쓰세요.

> **보기**
>
> ㉠ 경제학　　　　㉡ 그린벨트 운동　　　　㉢ 쿠바
>
> ㉣ 혁명가　　　　㉤ 환경 운동가　　　　㉥ 그라민 은행

(1) 체 게바라　　　　(　　　　　　　　)

(2) 왕가리 마타이　　　　(　　　　　　　　)

(3) 무함마드 유누스　　　　(　　　　　　　　)

16일차

2 다음 글과 관련 있는 장난감 이름을 고르세요.　　　　(　　　　　)

> "이제부턴 우리 장난감에 이름을 붙이면 어떻겠니?"
>
> "아, 덴마크 말 '레그 고트'! 재미있게 놀라는 뜻으로요? 정말 멋진데요, 아버지!"

① 레고　　　　　　　　② 요요

③ 피규어　　　　　　　　④ 보드게임

18일차

3 다음 글을 읽고, 빈칸에 알맞은 말을 써넣어 중심 내용을 완성하세요.

> 1963년 8월 28일은 링컨이 노예 해방을 선언한 지 100년이 되는 해였어요. 이날 흑인들
> 은 워싱턴 기념탑 아래에서 인종 차별을 반대하며 행진을 하기로 했어요. 전국에서 차
> 와 비행기, 기차를 타고 온 사람들이 모여 광장을 가득 채웠어요. 마틴 루터 킹은 벅찬
> 가슴을 안고 연설을 했고, 전 세계인들은 수십만 명의 흑인들이 평화롭게 행진하는 모
> 습을 보고 감명을 받았어요.

노예 해방 100주년을 기념한 흑인들의 ☐☐ 과 마틴 루터 킹의 ☐☐

4 밑줄 친 낱말과 관련 <u>없는</u> 것을 고르세요.　　　　　　　　　　（　　　　）

> <u>밀림</u>이 있던 자리에 건물이 들어섰고 초원은 농지로 변했어요. 사막은 조금씩 넓어지고 흔히 볼 수 있었던 동물들도 자취를 감추었지요.

① 나무　　　　　　　　　　　　② 빌딩
③ 정글　　　　　　　　　　　　④ 숲

5 다음 사회 문제를 해결한 사람과 방법이 바르게 짝 지어진 것을 고르세요.　（　　　　）

4주

> 단돈 몇만 원이 없어서 굶거나, 돈을 빌렸다가 불어나는 이자 때문에 더 힘들어진 사람들도 있었어요. 사실 이렇게 가난한 사람들은 돈을 벌 방법도 딱히 없었어요. 농사지을 땅도 없고, 장사를 할 밑천도 없었지요.

① 무함마드 유누스 ― 은행 대출　　② 체 게바라 ― 혁명
③ 마틴 루터 킹 ― 차별 반대 시위　　④ 고트프레드 ― 장난감 만들기

6 인물이 한 말 중, 말한 의도가 <u>다른</u> 하나를 고르세요.　　　　　　（　　　　）

① 체 게바라: "가난에 고통받고 제대로 교육받지 못하는 사람들이 많았어요."

② 왕가리 마타이: "아프리카의 가난하고 소외된 여성들을 돕고 싶어요."

③ 무함마드 유누스: "사회가 잘못되었기에 가난이 생기는 겁니다."

④ 고트프레드: "성별에 관계없이 즐길 수 있어야 해요."

레고의 나라, 레고랜드

아이들뿐 아니라 어른들도 좋아하는 레고로 가득한 레고랜드는 디즈니랜드, 유니버설 스튜디오와 함께 세계 3대 테마파크야. 국내에도 춘천에 2022년 5월 5일 문을 열었어. 전 세계에서 두 번째로 크고, 아시아에서 가장 큰 레고랜드라고 해.

▲ 레고로 만든 미니 도시

최초의 레고랜드는 1968년 레고 본사가 있는 덴마크 빌룬드에 세워졌어. 당시 레고 본사는 제품에 대한 홍보용 전시 공간이 필요했는데, 내친김에 일종의 테마파크로 만든 것이지. 처음 문을 열 때에는 1년 동안의 방문객을 20~30만 명 정도로 예상했는데 보기 좋게 빗나갔어. 무려 첫 해에만 60만명이 넘는 방문객이 왔다고 하니까 그 인기가 얼마나 대단했는지 짐작할 수 있을 거야.

〈모터싸이클 다이어리〉, 영화로 보는 체 게바라

▲ 체 게바라의 오토바이

영화 〈모터싸이클 다이어리〉는 혁명가 체 게바라의 인생을 담은 영화야. 이 영화는 2004년에 처음 만들어졌지만 2015년에 다시 개봉될 만큼 많은 사람들의 사랑을 받았어. 체 게바라가 성인이 되어 떠난 오토바이 세계 여행에서의 경험을 그리고 있지.

23살의 체 게바라와 친구는 당찬 각오로 여행을 시작하지만 현실은 고난의 연속이었지. 하나밖에 없는 텐트가 태풍에 날아가고, 유일한 이동 수단인 오토바이는 소 떼와 부딪쳐 망가져 버려. 하지만 체 게바라와 친구는 걸어서 여행을 계속해. 이 8개월간의 여행을 통해 그들은 진짜 어른이 되었어. 너희도 어른이 되면 친구와 멋진 여행을 계획해 보는 것은 어떨까?

나에게는 꿈이 있습니다.

▲ 마틴 루터 킹 목사

마틴 루터 킹 목사는 1963년 8월 링컨 기념관 앞에서 연설을 했어. 이 연설은 인종 차별을 없애고 모든 인종이 함께 살아가자는 내용으로 많은 공감을 불러일으켰어.

"나에게는 꿈이 있습니다. 내 아이들이 피부색이 아닌 인격으로 사람을 평가하는 나라에서 살게 되는 꿈, 흑인 어린이들이 백인 어린이들과 형제자매처럼 손을 마주 잡을 수 있는 날이 올 것이라는 꿈입니다."

이 연설은 20세기를 대표하는 연설이 되었어. 마틴 루터 킹 목사하면 가장 먼저 떠오르는 연설로, 지금도 많은 사람들이 인용하기도 해.

4주

그라민 은행이 우리나라에도 있을까?

무함마드 유누스가 만든 그라민 은행이 우리나라에도 있을까? 돈 없는 사람에게도 낮은 이자로 꼭 필요한 돈을 빌려주는 은행 말이야.

은행에 가면 누구나 돈을 빌릴 수 있다고 생각하지만, 아무나 돈을 빌릴 수 있는 것은 아니야. 은행은 갚을 능력이 있는 사람에게만 빌려주거든. 그럼 은행과 거래할 수도 없을 만큼 돈이 없는 사람들은 어떡할까?

'마이크로 크레디트', 즉 '미소금융'은 돈을 갚을 능력도 낮고, 가진 돈도 없는 사람들에게 돈을 빌려주는 제도야. 보통 작은 규모의 창업 자금이나 교육 자금을 빌려주지. 그리고 이들이 제대로 사업체를 운영할 수 있게 여러 가지 도움도 줘. 그러니까 우리나라에도 그라민 은행과 같은 제도가 있는 거야.

캐서린 스위처

여성 최초로 마라톤 대회에 나가다

"이번에도 안 된다는 건가? 여자라서 참가할 수 없다고?"

캐서린 스위처는 잔뜩 화가 났어요. 마라톤 대회에 나가고 싶어 여러 번 참가 신청을 했지만 번번이 거절당했거든요. 이유도 늘 똑같았어요. 여자라서 안 된다는 거였지요.

"여자도 달릴 수 있다는 걸 꼭 보여 주고 말겠어."

캐서린 스위처는 1967년 보스턴 마라톤 대회에 'K. V. 스위처'라고 자신의 이름의 첫 글자만 적어 참가 신청을 했고, 대회 당일엔 헐렁한 운동복에 모자를 쓰고 출발점에 섰어요. 그런데 6킬로미터 지점에서 조직 위원장이 캐서린 스위처를 보고 달려왔어요. 여자라는 사실이 들통난 거예요. 그는 캐서린 스위처를 끌어내어 번호표를 떼려고 했어요. 하지만 캐서린 스위처는 계속해서 달렸고, 4시간 20분의 기록으로 마라톤을 완주했어요. 그러나 여성이라는 이유로 실격되었고, 기록도 지워지고 말았지요.

5년이 지난 1972년, 드디어 보스턴 마라톤 대회 조직 위원회는 여성도 대회에 참여할 수 있다고 선언했어요. 1984년에 열린 LA 올림픽에서도 여성 마라톤이 정식 종목으로 채택되었지요. 캐서린 스위처는 2017년 보스턴 마라톤 대회에 다시 참가했어요. 50년 전과 똑같은 261번을 달고 뛴 캐서린 스위처는 4시간 44분 51초의 기록으로, 70세 여성도 완주할 수 있다는 사실을 증명했어요. 캐서린 스위처는 이렇게 말했어요.

"여성이 할 수 없는 일은 없답니다. 다만 기회가 없었을 뿐이지요."

운동 선수, 작가

캐서린 스위처
미국(1947년~)

미국의 달리기 선수이자 작가. 대학에서 언론학을 공부하며 육상 클럽 활동을 하던 중 보스턴 마라톤 대회에 여성 최초로 참가하여 완주함.

1947	1967	1974	2011	2017
독일에서 태어남.	보스턴 마라톤 대회에 참가함.	뉴욕 마라톤 대회 여성 부문에서 우승함.	국립 여성 명예의 전당에 들어감.	보스턴 마라톤 대회에 다시 참가함.

1 캐서린 스위처에 대한 글을 읽으면서 알맞은 말에 ○표 하세요.

> 캐서린 스위처는 (마라톤 대회 / 수영 대회)에 나가고 싶어 여러 번 참가 신청을 했지만 번번이 거절당했어요. (여자 / 남자)이기 때문이었어요.

2 밑줄 친 '그'가 누구인지 글에서 찾아 쓰세요.

> 6킬로미터 지점에서 조직 위원장이 캐서린을 보고 달려왔어요. 여자라는 사실이 들통난 거예요. <u>그</u>는 캐서린 스위처를 끌어내어 번호표를 떼려고 했어요.

✎ _____

3 캐서린 스위처에 대해 바르게 말한 아이를 모두 찾아 이름에 ○표 하세요.

조지   70세 때도 마라톤 대회에서 완주했어요.

테리   보스턴 마라톤 대회에 참가하기 위해 이름의 첫 글자만 적었어요.

브라운   1967년 보스턴 마라톤 대회 이후 다시는 마라톤 대회에 참가하지 않았어요.

5주

4 캐서린 스위처가 보스턴 마라톤 대회에 참가한 이유를 고르세요.   (   )

① 보스턴 마라톤 대회가 마라톤 대회 중 최고이기 때문이에요.

② 여성도 기회만 있으면 뭐든 할 수 있다는 걸 보여 주기 위해서예요.

③ 조직 위원장을 골탕 먹이고 싶었기 때문이에요.

④ 자신의 명예를 널리 알리기 위해서예요.

💡 **어휘 풀이**

- **번번이** 일이 생기는 때마다.
- **들통나다** 비밀이나 잘못된 일 따위가 드러나다.
- **완주** 목표한 지점까지 다 달림.
- **실격** 기준에 못 미치거나 규칙을 어겨서 자격을 잃는 것.
- **종목** 여러 가지 종류에 따라 나눈 항목.
- **채택** 작품, 의견, 제도 따위를 골라서 다루거나 뽑아 씀.

노동자를 위해 목숨을 바치다

전태일은 재단사가 되어 평화 시장에서 옷 만드는 일을 했어요. 그곳은 햇빛도 들어오지 않고 창문도 열리지 않는 좁은 공간이었어요. 전태일보다 더 어린 여자아이들도 쉬는 시간 없이 먼지를 마시며 재봉틀을 돌렸지요. 보다 못해 전태일은 사장을 찾아가 최소한의 휴식 시간을 보장해 달라고 했어요. 하지만 사장은 들은 체도 하지 않았어요.

그즈음 전태일은 노동자를 위한 근로 기준법에 대해 알게 되었어요. 그리고 평화 시장의 사장들은 근로 기준법을 전혀 지키지 않는다는 것도요. 전태일은 곰곰이 생각하다 동료 노동자들에게 이 사실을 알리기로 하고 '바보회'를 만들어 근로 기준법을 함께 공부했어요. 그러자 사장은 전태일을 해고해 버렸어요.

하지만 전태일은 멈추지 않았어요. 먼저, 평화 시장의 노동 환경을 조사한 설문지를 청와대와 서울시에 보냈어요. 그래도 바뀌는 것이 없자, 1970년 11월 13일에는 동료 노동자들과 평화 시장 앞에서 시위를 벌였어요. 그러자 경찰들이 몰려와 시위대를 해산시키고 노동자들을 끌고 갔어요. 전태일은 이를 악문 채 자신의 몸에 석유를 뿌리고 불을 붙였어요. 그리고 외쳤어요.

"근로 기준법을 지켜라. 우리는 기계가 아니다!"

전태일은 세상을 떠났지만 많은 이들이 전태일의 뜻을 이어 시위에 나섰지요. 전태일이 목숨을 끊은 청계천 6가 버들다리에는 전태일의 반신 동상이 세워졌어요. 전태일의 뜻을 영원히 잊지 않기 위해서이지요.

노동 운동가

전태일
대한민국(1948~1970년)

한국의 노동 운동을 상징하는 인물. 평화 시장의 노동자로 일하면서 열악한 노동 환경 개선을 위해 노력함. 1970년 근로 기준법을 지키라고 외치면서 사망하였음.

1948	1954	1966	1969	1970
대구에서 태어남.	가족이 모두 서울로 이사 옴.	재단사가 됨.	'바보회'를 조직함.	평화 시장 앞에서 시위 중 사망함.

1 당시 평화 시장의 상황으로 <u>틀린</u> 것을 고르세요. 　　　　　(　　　)

① 햇빛도 들어오지 않고 창문도 열리지 않았어요.

② 어린 여자아이들이 힘들게 일하고 있었어요.

③ 좁은 공간에서 여러 사람이 일하고 있었어요.

④ 인간적인 대우를 받을 수 있는 환경이었어요.

2 전태일이 노동자를 위해 한 일이 <u>아닌</u> 것을 고르세요. 　　　(　　　)

① 휴식 시간을 보장해 주었어요.

② 평화 시장 앞에서 시위를 벌였어요.

③ 동료들과 함께 근로 기준법을 공부했어요.

④ 노동 환경을 조사한 설문지를 청와대에 보냈어요.

3 전태일이 마지막으로 외친 말이에요. 빈칸에 알맞은 말을 쓰세요.

5주

"□□ □□□ 을 지켜라, 우리는 기계가 아니다!"

4 전태일이 중요하게 생각했던 것을 모두 찾아 ○표 하세요.

사장　　　　　근로 기준법　　　　　청와대　　　　　노동자　　　　　바보회

💡 어휘 풀이

• **재단사** 옷감이나 목재 따위를 정해진 모양이나 치수대로 자르는 일을 하는 사람.

• **재봉틀** 천이나 가죽 따위를 바느질하는 기계.

• **근로 기준법** 헌법에 의하여 근로 조건의 기준을 정하여 놓은 법률.

• **해산** 모였던 사람이 흩어짐. 혹은 흩어지게 함.

• **반신** 온몸의 절반.

빌 게이츠

컴퓨터에 창을 달다

"오늘의 나를 만든 것은 동네 도서관이다."

어린 시절 빌 게이츠는 아무도 못 말리는 독서광이었어요. 10살이 되기 전에 백과사전을 처음부터 끝까지 읽기도 했고, 집 근처 도서관에서 열린 독서 경진 대회에서 1등을 하기도 했죠. 4~5장 정도면 되는 독서 숙제도 20~30장을 채울 정도로, 책을 읽고 글을 쓰는 데 열정적이었어요.

"하버드 대학에 입학해 놓고 중간에 그만두는 녀석은 너뿐일 거다."

컴퓨터 천재로 불리며 학교에서 필요한 여러 프로그램을 만들기도 했던 빌 게이츠는 21살에 대학교를 그만두고, 친구 폴 앨런과 함께 지금은 세계에서 가장 유명한 회사인 '마이크로소프트'를 설립했어요. 그리고 사람들이 마우스를 클릭하기만 하면 편리하게 컴퓨터를 사용할 수 있는 프로그램을 개발하게 되었어요. 바로 '윈도즈'라는 프로그램이었지요.

사람들은 '윈도즈'를 통해 인터넷을 하면서 문서도 작성하고, 이메일을 보내면서 게임도 즐길 수 있게 되었어요. 빌 게이츠의 꿈처럼 이제 모든 사람들의 책상에는 컴퓨터가 놓이게 되었고, 빌 게이츠는 세계에서 최고의 부자가 되었어요.

2000년 빌 게이츠는 자선 단체를 설립했어요. 그곳에서는 국제적 보건 의료 확대, 빈곤 퇴치, 교육 기회 확대 등을 목표로 활동하고 있어요. 최고의 부자 빌 게이츠는 이제 세계 최대의 기부자로 우리에게 기억되고 있답니다.

기업가

빌 게이츠
미국(1955년~)

IT(정보 과학 기술) 기업의 대명사 마이크로소프트를 창업. 윈도즈와 인터넷 익스플로러 프로그램을 개발해 컴퓨터와 인터넷 부문을 이끌어 나감.

1955	1975	1990	2000	2008
미국에서 태어남.	마이크로소프트를 세움.	윈도즈 3.0을 출시함.	세계적 자선 재단을 세움.	마이크로소프트에서 은퇴함.

1 빌 게이츠에 대한 설명으로 **틀린** 것을 고르세요.   (   )

① 아무도 못 말리는 독서광이었어요.

② 어렸을 때부터 컴퓨터 천재로 알려졌어요.

③ 쓰는 사람의 편리함을 생각한 프로그램을 개발했어요.

④ 공부는 하지 않고 프로그램만 개발하다 학교에서 쫓겨났어요.

2 글을 읽고, 빈칸에 알맞은 말을 쓰세요.

> "오늘의 나를 만든 것은 동네 ⬜⬜⬜ 이다."
>
> 어린 시절 빌 게이츠는 아무도 못 말리는 독서광이었어요.

3 빌 게이츠가 개발한 컴퓨터 프로그램의 이름을 쓰세요.

✏ _____

5주

4 빌 게이츠가 한 일의 순서에 맞게 번호를 쓰세요.

세계적인 자선 단체를 설립했어요.	하버드 대학을 중간에 그만두었어요.	마이크로소프트 라는 회사를 차렸어요.	독서 경진 대회에서 1등을 했어요.
( )	( )	( )	( )

💡 **어휘 풀이**

• **독서광** 책에 미친 듯이 책을 많이 읽는 사람.
• **자선** 어려운 형편에 있는 사람을 물질적으로 도와주는 일.
• **퇴치** 결함, 병, 고장, 사고 같은 것을 잘 다루어 없애 버리는 것.

스티브 잡스
혁신의 상징이 되다

대학에 진학한 스티브 잡스는 한 학기만에 학교를 그만두고 친구와 함께 부모님 차고에 작은 회사를 세웠어요. 회사의 이름은 '애플'이라고 했지요.

1984년 스티브 잡스는 세계 최초로 집에서도 사용할 수 있는 개인용 컴퓨터 '애플Ⅰ', '애플Ⅱ'를 만들었어요. 1990년대 후반에 디지털 음악과 MP3 플레이어가 출현하자, 그는 애플이 누구보다 더 멋진 기기를 만들 수 있다고 생각했어요. 그리고 2001년 휴대용 디지털 음악 플레이어 '아이팟'을 만들었지요. 아이팟은 수백만 대가 판매됐고, 애플은 세계인의 주목을 받게 되었어요. 또다시 스티브 잡스는 사람들이 전화기, 노트북, MP3 플레이어를 각각 따로 개발하고 있을 때, 다른 것을 생각했어요.

'이 모든 것들을 합쳐 하나로 만들면 어떨까?'

그래서 2007년 이 모든 기능이 들어간 '아이폰'을 만들었어요. 경쟁사에서 스마트폰의 기능에 집중해서 개발할 때, 스티브 잡스는 다른 회사와 다르게 아이폰의 디자인에 집중했어요. 그렇게 '아이폰'은 세계인이 가장 좋아하는 제품 중 하나가 되었어요.

"진정으로 만족하는 일은 스스로 훌륭하다고 믿는 일입니다. 훌륭한 일을 하는 유일한 길은 그 일을 사랑하는 것입니다. 아직 그 일을 찾지 못했다면 계속해서 찾으십시오. 주저앉지 마십시오."

스탠퍼드 대학 졸업식에서 스티브 잡스는 이렇게 말했어요. 스티브 잡스는 항상 단순하게 생각해서 결정하고, 그 일에 매우 집중했어요. 그 결과 많은 사람들이 애플의 제품을 사랑하게 만드는 데 성공했지요.

기업가	미국의 기업가이며 애플의 창업자. 단순히 물건을 생산하는 기업인을 넘어, 사람들의 생활과 문화를 바꾸는 혁신적인 제품을 만들어 냄.				
스티브 잡스 미국(1955~2011년)	1955 미국에서 태어남.	1976 워즈니악과 함께 애플을 창업함.	1984 매킨토시 컴퓨터를 선보임.	2001 아이팟을 개발함.	2007 아이폰을 개발함.

1 스티브 잡스가 한 일이 <u>아닌</u> 것을 고르세요.   (   )

① 부모님 차고에 작은 회사를 세웠어요.

② 세계 최초로 개인용 컴퓨터를 만들었어요.

③ 스탠퍼드 대학을 좋은 성적으로 졸업했어요.

④ 사람들과 다른 방식으로 생각하려고 노력했어요.

2 스티브 잡스가 친구와 함께 부모님 차고에 처음 세운 회사의 이름을 쓰세요.

✎ _____

3 스티브 잡스와 관련된 말을 모두 골라 색칠하세요.

윈도즈   아이폰   아이팟   애플

4 글을 읽고, 밑줄 친 스티브 잡스의 생각과 관련 있는 것을 고르세요.   (   )

> 스티브 잡스는 사람들이 전화기, 노트북, MP3 플레이어를 각각 따로 개발하고 있을 때, <u>다른 것을 생각했어요.</u>

① 개인용 컴퓨터를 만들어야겠어.

② 전화기의 기능에 집중해야겠어.

③ MP3 플레이어 디자인에 집중해야겠어.

④ 모든 것을 합쳐 하나로 만들어야겠어.

5주

어휘 풀이

- **혁신** 오래된 풍속, 관습, 방법 따위를 완전히 바꾸어서 새롭게 함.
- **차고** 차를 넣어 두는 건물.
- **MP3** 음악 등 소리 데이터를 저장한 컴퓨터 파일.
- **출현하다** 나타나거나 또는 나타나서 보이다.
- **기기** 기구나 기계.
- **주목** 관심을 가지고 보는 것.
- **유일하다** 오직 하나만 있다.

리고베르타 멘추
원주민들의 참상을 세계에 알리다

과테말라 마야 원주민으로 태어난 멘추는 8살 때부터 커피 농장에서 일을 했어요. 한눈팔지 않고 죽기살기로 일을 해도 하루 세끼를 먹을 수 없었어요. 멘추는 도시로 나가 돈을 벌어야겠다고 생각했어요. 하지만 도시의 부잣집 하녀로 일했는데도 주인들이 먹고 난 찌꺼기조차 배불리 먹지 못했어요. 욕설도 늘 들어야 했죠.

견디다 못해 집으로 돌아왔지만 멘추의 아버지는 감옥에 갇혀 있었어요. 원주민들의 토지를 빼앗으려는 지주들에게 저항하는 농민 운동을 이끌었기 때문이지요. 22개 부족의 원주민들은 각각 다른 언어를 써서 말이 통하지 않았어요. 과테말라 군부에 저항할 때도 의견을 나눌 수도 없었어요. 멘추는 의견을 나누기 위해 여러 원주민들의 언어를 새롭게 배우기 시작했어요. 그리고 마야 원주민들의 상황을 세상에 알리기 위해 스페인어도 배웠어요. 멘추는 사람들에게 전하고 싶은 말을 문장 통째로 외워 가며 공부했어요.

"언어야말로 최고의 무기야. 억압자의 언어로 대항하겠어."

1982년 1월 멘추는 전 세계 사람들 앞에 서서 연설했어요. 과테말라의 독재 군부가 20만 명이 넘는 원주민을 죽였다는 이야기에 사람들은 무척이나 놀랐어요. 멘추는 미국과 유엔에서도 증언했고, 책도 출판했어요.

가난한 원주민 소녀였던 멘추는 이제 과테말라 인구의 절반 이상인 원주민의 대변자가 되었고 마야인 모두의 존경을 받아요. 1992년 노벨 평화상까지 받았지요. 멘추는 그 상금으로 재단을 설립해 가난한 원주민을 돕고 있어요.

인권 운동가

리고베르타 멘추
과테말라(1959년~)

과테말라의 인권 운동가. 아버지를 따라 농민 운동을 시작했으며 군부의 탄압으로 가족을 잃음. 원주민 인권을 위한 활동으로 노벨 평화상을 받음.

1959	1981	1982	1983	1992
과테말라에서 태어남.	멕시코로 망명함.	파리 국제 회의에서 원주민의 참상을 고발함.	《나, 리고베르타 멘추》를 출간함.	노벨 평화상을 수상함.

1 원주민들이 과테말라 군부에 대항하지 <u>못한</u> 이유를 고르세요.   (   )

① 서로 언어가 통하지 않아서

② 농민 운동이 무엇인지 몰라서

③ 먹을 것만 충분하면 행복해서

④ 서로 잘 살려고 욕심을 부려서

2 멘추가 스페인어를 배운 이유로 맞는 것을 고르세요.   (   )

① 가난에서 벗어나기 위해서

② 농민 운동을 일으키기 위해서

③ 스페인어로 책을 출판하기 위해서

④ 마야 원주민들의 상황을 세상에 알리기 위해서

3 멘추의 말을 읽고, 빈칸에 공통으로 들어갈 알맞은 말을 쓰세요.

"□□야말로 최고의 무기야, 억압자의 □□로 대항하겠어."

5주

4 멘추에 대한 설명으로 맞는 것을 고르세요.   (   )

① 마야 원주민들에게 저항했어요.

② 농민 운동을 하다 감옥에 갇히게 되었어요.

③ 재단을 설립해 가난한 원주민을 돕고 있어요.

④ 과테말라 군부의 편에 서서 농민 운동을 막았어요.

어휘 풀이

- **참상** 비참하고 끔찍한 상태나 상황.
- **원주민** 어떤 지역에 본래부터 살던 사람.
- **군부** 군사에 관한 일을 총괄하여 맡아보는 군의 책임 조직. 또는 그것을 중심으로 한 세력.
- **증언** 어떤 주장이나 짐작이 사실인지 아닌지를 가리는 데 도움이 되는 말.
- **대변자** 어떤 단체나 사람의 생각을 대신하여 말하는 일을 맡은 사람.

독해력 완성하기

먼저 21~25일차의 지문을 한 번씩 읽은 다음 문제를 풀어 보세요.

1 (22일차)(23일차)(24일차)

다음 설명에 알맞은 인물을 찾아 줄로 이으세요.

| 애플 컴퓨터를 만들고 여러 가지 기능을 담고 있는 아이폰을 개발했어요. | • | | • | 빌 게이츠 |

| 마이크로소프트를 설립해 윈도즈 프로그램을 개발했어요. | • | | • | 전태일 |

| 공장 노동자를 위해 근로 기준법을 지키라는 시위를 벌였어요. | • | | • | 스티브 잡스 |

2 (21일차)(25일차)

글을 읽으면서 알맞은 것에 ○표 하세요.

(1) 캐서린 스위처는 (여성 / 흑인)이라는 이유로 마라톤 대회에 참가할 수 없었어요.

(2) 멘추는 의견을 나누기 위해 여러 원주민들의 (언어 / 문화)를 새롭게 배우기 시작했어요.

3 (21일차)

밑줄 친 낱말과 바꾸어 쓸 수 없는 것을 고르세요. ( )

> 6킬로미터 지점에서 조직 위원장이 캐서린 스위처를 보고 달려왔어요. 여자라는 사실이 들통난 거예요.

① 놀라운   ② 들킨

③ 밝혀진   ④ 드러난

(22일차)

4 ⑦~ⓒ 중 전태일이 한 일이 <u>아닌</u> 것을 골라 ○표 하세요.

> 전태일은 ⑦<u>재단사가 되어</u> 평화 시장에서 ⓒ<u>옷 만드는 일</u>을 했어요. 그곳은 햇빛도 들어오지 않고 창문도 열리지 않는 좁은 공간이었어요. 전태일보다 더 어린 여자아이들도 쉬는 시간 없이 먼지를 마시며 ⓒ<u>재봉틀을 돌렸지요</u>.

(23일차)

5 다음 글에서 '책을 많이 읽는 사람'을 뜻하는 말을 찾아 쓰세요.

> 어린 시절 빌 게이츠는 아무도 못 말리는 독서광이었어요. 10살이 되기 전에 백과사전을 처음부터 끝까지 읽기도 했고, 집 근처 도서관에서 열린 독서 경진 대회에서 1등을 하기도 했죠. 4~5장 정도면 되는 독서 숙제도 20~30장을 채울 정도로, 책을 읽고 글을 쓰는 데 열정적이었어요.

✎ _____

5주

🎞 **매체 활용**
(24일차)

6 스티브 잡스가 만든 '아이폰'은 다음 3가지 기기의 기능을 합친 것이에요. 빈칸에 들어갈 알맞은 말을 쓰세요.

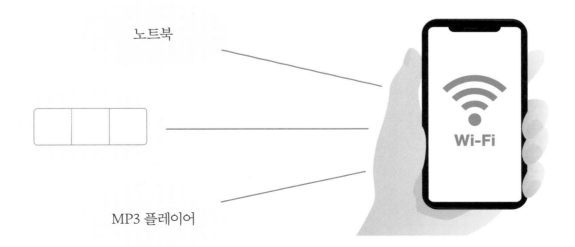

노트북

MP3 플레이어

레모네이드를 파는 소녀

8살 비비안 하르는 매일 집 앞에서 레모네이드를 만들어 팔기로 했어. 레모네이드 가격은 정해져 있지 않고 사는 사람이 알아서 내는 거지. 왜 그랬을까?

비비안은 무거운 돌을 들고 산을 넘는 네팔의 어린 형제 사진을 보고, 또래 친구들이 학교도 가지 못하고 밥도 제대로 먹지 못한 채 위험한 일을 한다는 것을 알게 되었어. 비비안은 어린이 노예 500명을 돕기 위해 1억 원을 모으기로 했어. 바로 레모네이드 팔아서 말이야. 이 소식이 사람들에게 알려지면서 비비안은 신문에도 실리고, 뉴욕에서 사람이 제일 많은 타임스퀘어 광장에서 레모네이드를 팔 수 있게 되었어. 비비안 때문에 사람들이 어린이 노예를 알게 되었고, 레모네이드도 더 많이 팔렸어. 173일만에 비비안은 목표로 한 1억 원을 모았고, 어린이 노예 500명에게 후원금을 보냈어.

비비안의 꿈은 더 커졌어. 이제 500명의 어린이가 아니라 전 세계의 어린이들이 자유롭고 안전하게 살기를 바라게 된 거지. 비비안은 '메이크 어 스탠드(Make a Stand)'라는 사회적 기업을 세우고 레모네이드를 팔기 시작했어. 그 수익금의 50퍼센트는 아동들을 돕는 후원 단체들에 기부하고 있어.

우리도 비비안 하르처럼 뭔가를 할 수 있을까? '공정 무역 초콜릿'이라고 들어 봤니? 우리가 좋아하는 초콜릿을 만드는 데에도 아동들의 노동이 많이 들어가 있어. 아이들은 카카오 농장에서 천원도 안 되는 돈을 받고 하루종일 힘든 일을 하지. 초콜릿의 원료인 카카오를 너무 싼 가격에 사 가기 때문이야. 공정 무역 초콜릿은 카카오를 정당한 가격에 구입해서 만든 초콜릿이야. 우리는 공정 무역 초콜릿을 구매함으로써 아이들을 돕는 일에 동참할 수 있어.

▲ 노동에 시달리는 아동

스티브 잡스가 애니메이션을 만들었다고?

▲ 픽사의 〈토이스토리〉 조형물

애플에서 쫓겨나다시피 나온 스티브 잡스는 픽사를 선택했어. 픽사는 영화에서 특수 효과(CG)를 만드는 컴퓨터를 개발하는 회사였는데, 애니메이션 영화를 만들기도 했지. 스티브 잡스는 컴퓨터에 더 관심이 많았지만, 애니메이션을 만들고 싶다는 직원들의 꿈을 10년 동안이나 지켜줬어.

그렇게 만들어낸 애니메이션이 1995년 개봉한 영화 〈토이스토리〉야. 〈토이스토리〉는 그해 가장 많은 수익을 올린 영화가 되었고, 그후로도 〈벅스 라이프〉, 〈토이 스토리2〉, 〈몬스터 주식회사〉, 〈니모를 찾아서〉 등을 제작하면서 스티브 잡스의 픽사는 세계적인 회사가 되었어. 우리는 스티브 잡스하면 애플만 생각하는 데 이젠 애니메이션의 세상, 픽사도 떠올릴 수 있겠지?

원주민들은 어디로 갔을까?

5주

콜럼버스가 아메리카 대륙을 발견했을 때, 그곳에는 누군가 살고 있었어. 그들을 인디언이나 원주민이라고 불러. 그런데 지금 북아메리카의 미국과 캐나다, 그리고 남아메리카에 사는 사람들은 아주 오래전 유럽에서 온 백인들이야. 원주민들은 다 어디로 갔을까?

▲ 미국의 원주민들

최근에 캐나다에서 원주민 문화 말살 정책이 밝혀져 전 세계인이 분노하고 있어. 기숙 학교였던 곳에서 어린 아이들의 무덤이 발견되어 큰 충격을 주기도 했어. 19세기 캐나다로 온 백인들은 원주민 아동 15만 명을 가톨릭 기숙 학교에 보냈어. 그곳에서 원주민 이름도 버리고 종교도 기독교로 바꿀 것을 강요하고 학대한 거지. 아메리카로 이주한 백인들은 원주민들을 도시에서 몰아내고 학살했어. 그래서 원주민은 터전을 잃고 깊은 숲속에 들어가 살게 된 거지.

1일 1독해

1일 1독해